战略性新兴产业新旧动能转换研究

陈 雷◎著

·北 京·

图书在版编目（CIP）数据

战略性新兴产业新旧动能转换研究/陈雷著. --北京：中国经济出版社，2019.8（2024.1 重印）

ISBN 978-7-5136-5813-3

Ⅰ.①战… Ⅱ.①陈… Ⅲ.①新兴产业—产业发展—研究—中国 Ⅳ.①F269.24

中国版本图书馆 CIP 数据核字（2019）第 193889 号

责任编辑 丁 楠
责任印制 马小宾
封面设计 任燕飞

出版发行 中国经济出版社
印 刷 者 大连图腾彩色印刷有限公司
经 销 者 各地新华书店
开　　本 710mm×1000mm 1/16
印　　张 14.75
字　　数 187 千字
版　　次 2019 年 8 月第 1 版
印　　次 2024 年 1 月第 2 次
定　　价 68.00 元
广告经营许可证 京西工商广字第 8179 号

中国经济出版社 **网址** www.economyph.com **社址** 北京市东城区安定门外大街 58 号 **邮编** 100011

本版图书如存在印装质量问题，请与本社销售中心联系调换（联系电话：010-57512564）

前言
PREFACE

目前，我国的经济发展正处于新旧动能转换、经济转型升级的关键时期，第一，新技术、新模式、新产业以及新业态连续不断的涌现与国家新战略的推行，为中国的经济注入了一股巨大的新动力；第二，在上述创新因素的推动下，战略性新兴产业的调整优化升级，也是我们在后金融危机时代，抢占新一轮经济增长的战略制高点，促使国民经济和企业发展走上创新驱动、内生增长轨道的根本途径。我们完全可以抓住当前新旧动能转换的时机，培育引领经济社会发展的新兴产业，从政策上加以引导与扶持，使之快速发展壮大，成为经济致胜未来的新引擎。与此同时，战略性新兴产业新旧动能的转换也面临着更加复杂的国际政治经济的不确定性以及国内体制与机制的束缚。

国家统计局2018年11月26日发布了《战略性新兴产业分类（2018)》，分类规定的战略性新兴产业是以重大技术突破和重大发展需求为基础，对经济社会全局和长远发展具有重大引领带动作用，知识技术密集、物质资源消耗少、成长潜力大、综合效益好的产业，包括新一代信息技术产业、高端装备制造产业、新材料产业、生物产业、新能源汽车产业、新能源产业、节能环保产业、数字创意产业、相关服务业9大领域。本书将以部分战略性新兴产业为例具体阐述其在新旧动能转换中的展望、转换及政策建议。

为了更好地对战略性新兴产业新旧动能转换进行研究，我们参考了大量的国内外权威材料，通过认真的删选、总结与修改，完成了本书稿。

本书共分为 12 章，分别为：

第一章新旧动能转换概述，主要讲述了新旧动能的概念，以及新旧动能转换的含义、理论依据、政策体系，我国新旧动能转换的时代背景及基本面相；

第二章新旧动能转换的必要性，主要讲述了新旧动能转换是世界经济演变的客观规律，是新技术革命的必然要求，是中国经济发展的最好出路等；

第三章新旧动能转换的模式，主要讲述了新旧动能转换的过程、阶段及转换困境，新旧动能转换四个层次的着力点；

第四章新旧动能转换中存在的问题，主要讲述了旧动能弱化和新动能尚未形成并存，缺乏与新旧动能转换相匹配的金融体系等；

第五章我国新旧动能转换的目标定位和原则导向，主要讲述了我国新旧动能转换的目标定位、原则导向；

第六章我国新旧动能转换的有效路径，主要讲述了三条有效路径，如强化融合发展，加快建立新旧动能转换的现代产业支撑体系等；

第七章我国区域经济发展和新旧动能转换，主要讲述了我国工业化对新旧动能转换的推动及创新为我国带来的新动能等；

第八章我国科技创新和新旧动能转换，主要讲述了我国新旧动能转换所面临的重要挑战及我国科技发展和释放新动能的政策建议等；

第九章我国智能制造与新旧动能转换，主要讲述了智能制造的概述，我国智能制造的现状、特点及发展展望；

第十章我国节能环保产业与新旧动能转换，主要讲述了产业技术特征与产业经济特征、我国节能产业与环保产业的市场竞争等；

第十一章我国移动智能终端与新旧动能转换，主要讲述了移动智能终端的概述及我国移动智能终端的基本情况等；

第十二章我国新媒体产业与新旧动能转换，主要讲述了我国新媒体产业发展和新动能，我国新媒体产业的产业组织分析以及我国新媒体产业的未来展望等。

由于笔者能力与水平有限，书中可能存在不妥之处，有些观点还没有通过实践的检验，敬请专家学者、广大读者等进行批评与指正。在此对书中引用的研究成果和参考文献的作者表示真诚的感谢和崇高的敬意，对支持本书出版的同事、朋友和出版社的编辑们表示诚挚的谢意。本书作为2018年度教育部人文社会科学研究规划基金项目“基于多源数据的新兴交叉领域技术监测研究：以纳米能源领域为例”（18YJA630011）的研究成果之一，同时本书的出版还得到了山东能源经济协同创新中心（山东省2011计划）的资助与支持，谨在此表达诚挚的谢意！

目录
CONTENTS

第一章

新旧动能转换概述

第一节　新旧动能的概念辨析

“动能”一词最早是物理学词汇，指的是物体运动所产生的能量。“动能”一词被引用到经济学的分析框架中，指的是促进、推动经济发展的能量。

在不同的发展时代，新动能和旧动能的定义不同。在农业社会，土地和农民是社会发展的新动能；在工业时代，机器、电力、资源和资本都是时代发展的新动能。但随着时代的发展，这些都变成旧动能。国家的发展阶段不同，新旧动能的定义也不同，对于发达国家来说，旧动能放在发展中国家就是他们的新动能。随着国家和地区的经济发展，原来的新动能也会逐渐变成旧动能。

从时间的纵轴来看，新动能代替旧动能的速度越来越快，农业时代发展缓慢，维持了几千年低下的生产力水平。而工业时代，从第一次工业革命到第二次、第三次工业革命，生产技术水平突飞猛进，新兴产业呈几何式爆发。从区域的横轴来看，发达国家处于新动能的前沿，新动能不断涌现，而发展中国家则一路追赶。

以第一次工业革命为例，它起源于英国，时间是18世纪60年代到19世纪40年代。在瓦特改良蒸汽机之前，就有“飞梭”和“珍妮纺织机”的发明，二者大大推动了当时纺织业的发展。瓦特引领人类进入“蒸汽时代”，全面开创了大机器生产的局面，这就是第一次工业革命。随后，富尔顿发明了“汽船”、史蒂芬孙发明了“蒸汽机车”，西方国家在航海和城市交通两个方面取得了重要成果。这些新动能直接促进了西方资本主义社会各方面的进步，结束了西方乃至人类社会的农业时代为主的局面。以工业的新动能替代了人类以手工为主的旧动能，为第二次工业革命奠定了坚实的基础。

再以第二次工业革命为例。在第二次工业革命成果的刺激下，少数采用新技术的企业以飞快的发展速度挤垮那些还处于落后局面的企业。随后，这样的趋势不断地加强，在新技术领域便产生了垄断以及垄断组织。不只是在流通领域，在生产领域也诞生了垄断组织。19世纪晚期，西方的主要资本主义国家都有一个重要的特征——出现了垄断组织。它是生产力发展的必然结果，也在一定程度上促进了当时西方国家劳动生产率的提高和生产力的发展。

19世纪70年代，当时的新兴工业包括以下几个方面：一是电力工业；二是化学工业；三是石油工业；四是汽车工业。这些行业实行大规模的集中生产，垄断组织就很快发展起来。垄断组织的出现，不断地扩展了企业的规模，生产力也进一步提高。例如，托拉斯就是西方当时比较著名的高级形式的垄断组织。它的存在，给企业经营管理、企业的成本、劳动生产率等都带来了积极的影响。垄断组织的出现，在当时主要是资本主义生产关系发展到一定程度之后，必须要进行局部调整所产生的结果。此后，资本主义生产关系得以稳定，并促进了经济的快速发展；同时，由于垄断组织背后的大资本家们已经攫取了大量的利润，他们对国家的经济、政治、文化等都采取了干预措施，垄断组织可以随意摆布国家这个机器为自身服务；垄断组织还不甘于在国内发展，以国际垄断集团的形式，在世界上展开了瓜分掠夺的对外侵略扩张之路。这就是帝国主义诞生之路。

第二次工业革命，改变了西方乃至世界的经济、文化、政治、军事等的面貌，争夺世界霸权也是当时的主题；但是，它在促使世界成为一个整体方面，也产生了积极作用。更为重要的是，第二次工业革命对人类的生产能力的提升带来了巨大的促进作用。在交通方面，也带来了便利和快捷。在改变人们的生活方式方面也有积极的作用，它扩大了人们与他人交流的活动范围，给人与人之间的沟通和联系带来了更多的便捷。由此可见，新旧动能转换对社会的发展具有积极意义。

新动能是不断演进的，新旧动能转换的过程中逐渐孕育出新技术、新产业和新业态。新旧动能转换的过程中有无限发展的可能性和新空间，前景光明。但是在现阶段不能一味地摒弃旧动能，仍然要高度重视从传统技术、业态和模式里面优化升级，所以要调节好新旧动能的关联性，做到互惠融合，并且在新动能孕育直到成熟的过程中，逐渐淘汰旧动能。

对于时代来说，新动能是“以技术创新为引领，以新技术、新产业、新业态和新模式为核心，以知识、技术、信息、数据等新生产要素为支撑，形成的引领经济持续健康发展的动力”。而旧动能则是指传统动能，如高耗能、高污染的制造业，还有借助传统模式来经营第一产业、第二产业、第三产业。我国是一个制造业大国，以第二产业为例，新旧动能的差异主要有以下五个方面：

第一，能源角度。旧动能指煤炭、石油、天然气等矿物资源，新动能有风能、太阳能和核能等。

第二，原材料不同。旧动能以煤炭等矿物原材料为主，新动能则利用了原子、分子制造的新材料。

第三，资源利用角度。旧动能处于资源匮乏的边缘，新动能则是可以无限利用的。

第四，生产工艺不同。旧动能是以机械化为主导，新动能以互联网、人工智能为主导。

第五，生产模式不同。旧动能是单向的生产模式，这种模式造成了巨大的浪费，从资源到产品到报废。而新动能还能在报废之后将其变成再生资源和产品。

随着一轮一轮的科技革命、技术革命和产业变革，新动能逐渐渗透到经济生活的各个领域，对很多国家的经济发展从边缘作用逐渐转换成主导作用。新旧动能转换的本质就是经济发展方式的转变，对于地区来说是企业转型升级的过程，新经济起带头作用，发展新兴产业，新动能不仅逐渐壮大，还改造了传统的旧动能，让经济保持中高速增长，地区产业也迈向中高端水平。

新动能具有地域性，根据当地的资源、产业基础和发展阶段的不同，带领经济发展的新动能也不同。所以对于各地区来说，一定要因地制宜，避免盲目跟风发展新兴产业，造成产业高端和低端的产能过剩。

新旧动能转换是长期的，不是一蹴而就的，因为其实质是发展方式的转变：从粗放式的发展转变为注重质量的集约型发展，从资源和劳动力转变成创新驱动的发展。除了要创新也要加快地区体制、公司体制等深层次的改革，来促进新动能效率的提高和运用。

新动能促进新经济的产生和发展，新经济又不断孕育出新动能。现阶段，我国的新经济是指以新技术、新产业、新业态和新模式为核心的产业，这些产业让经济发展维持在一个高水平线上。新经济已经渗透到第

一、第二、第三产业中，具有高度的成长特质和融合性，不断地改造传统经济，让其焕发出新的活力。新经济的产业有三类：第一类是新生产业，包括服务业和新技术产业，这些新生产业促进了居民消费水平的升级。第二类是产业升级，特别是人工密集型产业由机器生产线取代。第三类是创新产业，特别是在互联网依托下的相关产业。

新动能和新经济互相融合，为了让新经济发展得更好，要让资金、人才、技术等集中起来，发展壮大新动能。所有创新活动的目的就是培育新动能，新动能的来源除新技术、创意之外，也包括传统技术和产业，如现代化的物流就是在传统物流基础上发展起来的。新动能的勇敢尝试促进了新经济概念的发展，它们相辅相成，不断地探索创新，寻求突破。只有不断培育新动能，才能保持经济的较快增长。只有不断培育新动能，才能应对经济风险，促进生产效率。在培育新动能的过程中，一定要有质量要求，不能让新动能成为空中楼阁，所以要从多角度看待，不是所有的新事物都是新动能，没有生命力的新事物、新现象就会消失。

新动能的主要载体是新兴产业，新兴产业投入较大，且规模无法与传统产业相比，所以也要重视运用新技术、新业态来改造和提升传统行业，运用新技术将传统行业推向高端化、智能化，让传统行业“有中生新”，进一步促进新动能的产生和发展。

新动能能够引发新的经济增长点，新的经济增长点不仅促进了产业升级，还能释放出巨大的能量，成为高成长性的领域。如新零售、跨境电商等新业态新模式，促进了新动能的发展。

当前的时代是信息时代，新动能是数字经济，互联网、云计算和大数据等新一代通用技术渗透到经济生活的各个方面，与制造业深度融合，致使企业的生产模式、管理模式和商业模式都发生了全面变革。对于中国来说，新动能的发展正是新动能代替旧动能，旧动能平稳转化为新动能的过程。我国大力培育新动能，发展新经济，特别是数字新动能。与以往的新动能不同，数字经济的新动能能够覆盖到全国各个地区，并且渗透到人们的日常生活中，促使人与人、人与物和物与物的交换全面实现。与以往的资本和劳动力不同，数据成为重要的生产要素，驱动创新，并向科技、社会等领域扩张。在工业时代，交通是重要的基础设施；而在数字时代，网络和云计算是重要的基础设施。

在传统的经济中，供给和需求界限明显，但是在数字经济新动能里，供给和需求的界限越来越模糊，有的时候供给方也是需求方，有的时候需求方也是供给方。由于新动能带来的信息扁平化，很多行业涌现出了各种各样的新动能，发展出了新技术，企业在提供产业和服务的过程中能够做到充分考虑用户的需求，改变了用户的消费模式，使行业从 1.0 升级到 2.0。随着数字新动能的扩展，网络世界进入现实世界，真正地改变了人类的生存方式，特别是数字新动能使社会的发展呈指数级增长。

数字经济引领全球经济的发展，提高了产业生产效率，培育了新市场，开发了新的经济增长点，实现爆发式的全球开花。数字化企业在国民经济的地位越来越高，逐渐取代金融、能源、房地产等行业成为不可替代的龙头企业。作为国民经济的主体，制造业也是数字经济的受益者，信息技术与传统制造业全面地深度融合，传统制造业也向数字化转型，数字化成为企业发展的新动力，制造业的网络化、智能化水平也越来越高。

对于我国来说，影响经济增长的结构性问题比较突出，所以必须推进供给侧结构性改革。新动能能够促进供给侧结构性改革，促进经济发展新常态。新动能减少了无效、低端的供给，扩大了有效、高端的供给。新动能也促进了传统行业的升级，创造出了新的需求，扩大了内需。我国已经从低等收入上升到中等收入阶段，居民消费升级，数字经济满足了消费升级的需求。新动能互联网提供了很多的新兴岗位，促进了就业，摆脱了时间和空间的束缚，更自由。个人的价值和主观能动性也发挥到最大。

我国经济发展进入新常态，必须要有新动能的推进，转化并淘汰旧动能。新旧动能相互转化的目的是掀起社会变革的深层次革命，涉及国家的经济、政治、社会、文化等各个领域的改革，克服发展过程中遇到的问题，破除经济健康发展的体制障碍，为经济的发展不断创造新的动力。所以，新动能代替和转化旧动能是最核心的内容，要依靠创新来推动新旧动能的转化，并带来结构和速度等方面的调整。数字经济时代的新动能是跨越中等收入陷阱的关键，所以必须积极培育新动能，发展新兴产业，加快新旧动能的更替过程，在全球范围内抢占企业的制高点。对于我国来说，新动能是推动第一、第二、第三产业深度发展的重要推手，特别是产业升级，也是全面建成小康社会的关键。从世界的发展进程来看，新动能的出现将会引发深刻的社会变革和产业变革。这场深层次的革命将会引发世界经济和社会的连锁反应，在新动能的孕育方面，我们必须先发制人。

第二节 新旧动能转换的含义

新旧动能转换是指新动能代替旧动能的过程，这个过程有三个层次的含义。第一，从微观角度来看，新动能是旧动能的升级，两者是要素组合方式，使其利用效率、生产水平得以提高，从低增长路径跃升到高增长路径。第二，从中观角度来看，新旧动能的转换，能够转变地区的传统产业和传统经济，从不平衡增长转变到平衡增长的动态过程，实现地区产业升级，发展效率和产品质量得以提升的目标。第三，从宏观角度来看，新旧动能转换是整个社会从旧的经济增长方式转变到新产业、新经济的高质量、高增长的过程。

在我国目前经济发展放缓的背景下，下面以我国的人口红利与人才红利为例，来解释新旧动能转换的含义。改革开放初期，南下到深圳、广州、珠海的打工人群成为我国经济发展中的生力军。他们来自社会的各个阶层，有工人、农民、知识分子，但最主要的还是文化水平比较低的农民。他们大多生长在农村，一方面，当时我国的教育发展水平还比较低，他们没有受过多少文化教育；另一方面，由于农村的经济落后，他们迫切地需要改变自己的生活环境。在沿海地区的工厂打工对他们来说是一个很好的出路，可以改善一家人的生活。对于国家来说，这些农村人口大量涌入我国沿海城市，给当地经济的发展带来了积极的作用。以深圳为例，在20世纪80年代初，该市常住人口中劳动力占比不到50%，而且在短时间内还出现了负增长的局面；然而，随着大量劳动力流入全国各地，深圳的人口结构发生了巨大变化。仅仅在几年之后，深圳的人口结构中劳动力人口超过了60%，而且这个数据在之后的20年中，稳中有升。

在城市取得发展成果时，人们最应该关注的就是人口对城市的重要贡献。深圳的产业发展以我国的人口红利为重要动力。如富士康、华强北的小作坊等为深圳制造业做出过重要贡献的企业，当时就是以相对廉价的劳动报酬雇用大量的青年来完成低端制造，最终实现企业的经济效益。鼎盛时期的富士康，深圳园区有45万名员工，他们的年龄大部分都在30岁以下。作为流水线员工，他们不需要较高的文化水平，只需要长时间从事体力劳动即可。他们生产的产品可以远销印度、东南亚、非洲以及西方发达国家。可以说，他们对我国的制造业做出了巨大的贡献。

但是，由于目前我国的制造业需要转型升级。一方面，这些劳动力已经逐渐由于年龄偏大而退出了打工队伍；另一方面，对低端的苦力的需求不高，新的劳动力也不能胜任企业中具有技术含量的岗位。所以，在目前我国最初的人口红利中的劳动力，已经不能适应现代制造业的发展。我国目前需要的是更多的人才红利，如具备高文化素质、创新能力的人才队伍。他们对企业的研发具有积极的作用，是企业具备竞争力的关键。此前我国需要的是大量的流水线员工，只需要普通的劳动力；而目前由于技术要求得以提升，机器代替人工的趋势在不断增强，企业更需要的是高新技术人才。以这些人才的力量来促进企业研发新产品，最终才能提升企业的效益。所以旧的低端人才红利已经消退，新的高新技术人才的红利正在崛起。虽然不能完全否认那些普通劳动力的作用，但是在企业发展的过程中，高新技术人才的红利才是当今社会发展的主要动能。因此，必须要实现新旧动能转换，才能提升我国制造业的竞争力。

为了更好地了解新旧动能转换的含义，下面简要介绍新旧动能转换的特性。第一，新旧动能转换不是量变的过程，而是质变的过程，对于传统行业来说，只要扩大规模，相应的收益也会增加，但是对于已经进入中等收入国家的中国人来说，基本的日用品消费已趋于饱和。技术、生产方式的量变并不能带来更大的收益，反而会成为企业的累赘。新动能带来的社会生产技术的创新和代替，还有生产理念的转变。当然，这一切都是在量变累积到一定程度和水平后产生的质变。第二，新旧动能的转换比较动荡，特别是在转换的过程中，并不是均衡增长的，但是不用担心，在转换后会再次走上与转换之前一样的平衡路径，等待下一次新动能转换的到来。第三，新动能对旧动能的替代是高水平的平衡增长路径对低水平的平衡增长路径的替代。这样替换之后，效率有所提高，生产力水平有一定提升，能够创造出更多的质量较高的产品。

我国的领导很重视新旧动能的转换，新旧动能的转换在经济、政治和文化生活中发挥着重要作用，但是新旧动能转换的过程十分艰难。如果说新旧动能转换的目的是让整个社会经济达到更高水平的平衡增长路径，达到更高质量的发展，那么转换的过程必然十分痛苦。为什么转换过程如此痛苦呢？对于旧动能来说，虽然平衡增长路径的效率较低，但是却能做到稳步提升，仍然在经济增长过程中发挥重大作用，如煤炭、石油等，依然支撑着我国的制造业等产业，并且利用煤炭、石油的技术水平也得到了很大的发展。而新动能仍然处于孕育发展阶段，技术方面并不十分成熟，如风能、太阳能、核能，可能效率低下，能量不足，成本也极高，还有安全方面的顾虑，甚至还有可能低于旧动能的产出。所以从社会发展角度来看，新动能并不能大规模地取代旧动能。

随着技术手段的发展，知识的迅速积累，还有经验诀窍的掌握，新动能生产效率得以快速提升，而且全要素的生产率得到提升，经济发展得越来越好。此时，也是旧动能彻底退出的时候，新动能成为经济发展的主导要素。新动能发展到较高平衡增长路径时，新动能的地位也越来越高。但是新旧动能的转换是时时刻刻都在发生发展的，并不是一劳永逸的，随时有更先进的技术出现，新产业、新业态孕育出现，随后新一轮的新旧动能转换开始。

为了更好地实现我国“创新、协调、绿色、开放、共享”的五大发展新理念，必须实现新旧动能的转换。我国是一个资源大国，在改革开放初期主要以资源型为主，付出了高昂的环境代价，换取了经济的高速发展，但是在今天，这种发展模式明显不可持续，新旧动能的转换迫在眉睫。此外，我国的国民收入也到了瓶颈阶段，就是从低等收入跨越到中等收入阶段遇到了问题，单纯依靠资源和人力密集型产业无法达到高收入国家的水平。并且从世界历史来看，曾经有 110 多个国家和地区的经济进入到中等收入水平，但是从中等收入跨越到高收入国家的只有 13 个。例如，阿根廷曾经依托石油资源迅速富裕起来，阿根廷人也像现在的中国人一样到处旅游，但是由于各种原因，没有跨过中等收入陷阱，反而陷入困境。特别是单纯想要依靠其资源，如因石油成为发达国家的国家和地区。世界的经济环境非常严峻，金融危机、经济危机隔几年就会发生，而有的国家政治动荡，发展战略制定错误导致国内出现社会危机，都无法实现跨越。所以对于中国来说，必须吸取教训，培育新动能，孕育新产业、新经济，找到新的经济增长点，成功跨越中等收入陷阱。

随着 20 世纪 90 年代新一轮信息技术革命的开始，虽然起步稍晚，但是我国后来居上。信息技术革命产生的新产业、新经济对我们的日常生活产生了革命性的改变，如智能手机的出现，“吃、穿、住、行”靠着一部手机就能全部搞定。此外，生产方式也发生了很大的变化，我们每个人都是消费者，同时也是提供者。新技术、新经济和新业态带来了巨大的发展机遇，孕育了带领我们发展的新动能。在信息互联网时代，我们在逐渐建成速度更快、费用成本更低的信息网络，逐渐建成以数字信息为新动能的社会。我们与发达国家的差距在逐渐缩小。技术革命的速度越来越快，体现在产品上就是在原来的基础上更新换代的速度日新月异，新旧动能的转换也越来越快。

我们有足够大的国内市场来促进和消化新动能带来的种类繁多的商品，所以新动能的培育有其合适的土壤，支付宝、网约车、共享单车等都是我们领先其他国家的新动能产品。我们现在处于消费升级时期，人们对新产品、新服务的需求不断提升，这种需求促进了技术的创新、商业模式的创新及环保模式的创新。

我们也有足够多的人才来促进创新产业的发展，发挥人力资源优势促进创新就是在培育新动能，使我们的产品和服务逐渐走出国门，走向世界。如华为公司，它的高薪吸引了很多的专业人才，不断发展新动能，不断创新，超越了很多国际化的公司，取得了独一无二、不可替代的国际地位。除了人力资源的优势，我国的基础设施也非常完善，如高铁，我国的高铁是世界上最先进的高铁网络之一，并走向世界，拿下了很多国家建设高铁的订单。高铁不仅是修建一条铁路，还展现了产业配套的能力，我国有高效、齐全的产业集群，我国的高铁数量多，技术先进，发展的时间长。所以，齐全的产业配套促进了产业升级和新技术、新产品的研发。

我们面临着巨大的历史机遇，在过去的100多年里，美国处于全球技术领先的地位，综合国力一直居世界第一，美国培育新动能，发展新产业、新技术有其一整套成熟的机制，有企业家、科学家、投资和市场，这些都有利于其新旧动能的转换和发展。在中国，我们需要培育新动能的体制和模式，有时候新旧动能的转换也会出现问题，如网约车的问题，不仅影响了传统出租行业，也缺少一些行为规范，导致出现了一些问题。但是在大环境下，新动能的培育仍然前途光明。

我们要处理好新旧动能转换之间的关系，不能过于强调技术创新、产业创新而忽视产业升级。我国的传统行业在整个经济体中所占比重仍然较大，所以一定要重视第一、第二、第三产业的新旧动能转换过程，同时培育新动能，但培育新动能不能一蹴而就，这是一个漫长的过程，只要利用好互联网、信息技术，一定能培育新动能，引领第一、第二、第三产业的发展。

此外，我们还要大力支持绿色产业的发展，绿色产业的发展就是新动能的发展，不仅不会污染环境，还会带来节能环保的新技术，更重要的是解决了长期困扰我们的难题，在经济发展和环境保护中二选一的难题不再上演。

新旧动能转换的成功也是经济进一步发展的需求，但路径并不是提前铺好的，我们要抓住历史发展的大机遇，顺势而行。

第三节　新旧动能转换的理论依据

新旧动能转换是我国目前摆脱中等收入陷阱，推进经济从高速低质量的增长向高速高质量发展的重大战略措施。从经济学的角度来看，新旧动能转换的理论十分重要。新旧动能转换包括以下四个理论。

第一，产业生命周期理论。“产业生命周期是每个产业都要经历的一个由成长到衰退的演变过程，是指从产业出现到完全退出社会经济活动所经历的时间，一般分为初创阶段、成长阶段、成熟阶段和衰退阶段 4 个阶段。”它是在产品生命周期理论的基础上发展而来。第一个产业的生命周期理论，其模型建立于 1982 年。产业生命周期四个阶段的特征如下：

1. 初创期

我们都知道在初创期是烧钱的阶段，这个时候新产业初建，需要大量的资金、技术和人才，因为是新产业，人们不了解，自然市场销售也不好，但这是一个机会，只要抓住人们的需求，就能获得大量客户，市场占有率快速增长，很快就能进入高风险高收益的成长期。

2. 成长期

这一时期已经有一批新产业在初创期死亡，能留到现在的就是有一定资本和占领了市场的企业。成长期的企业产品符合人们的需求，以其自身的特点赢得了广大消费者，同时企业产品也从单一转向多元，从低质量进化到高质量。因为有利可图，大批资金和企业进入，竞争激烈，导致市场供大于求，企业不再仅仅依靠数量取胜，而是不断提高生产技术，降低成本。市场的需求逐渐饱和，行业开始进入稳定期，增长变得可以预测。

3. 成熟期

在激烈的竞争中生存下来的行业大厂商垄断了整个市场，它们占领的份额相对固定，彼此之间的区别优势不再明显，这个时候产品的质量、性能等得以提高，产业的收益也在这时达到最高。但是在某种情况下，产业的发展也相对停止了，需求下降，导致收益减少。对产品的开发和进一步发展可能难以挽回其颓势。

以滴滴平台为例。滴滴公司在经过一番搏斗之后，以强大的团队、雄厚的经济实力、软件技术上的优势打败了对手，占领了我国互联网约车市场的绝大部分份额。能够取得这样的成绩，与它对科学技术的运用是分不开的。

例如，在使用滴滴软件打车的时候，用户、司机在取消订单的过程中，滴滴平台可以迅速给出判定结果。由于多种原因会导致订单取消，主观方面和客观方面都有，滴滴平台必须在第一时间根据它的判定依据和判定方法得出结论。滴滴有高效率的“取消判责智能算法模型”这一重要技术，这项技术能够综合考虑影响订单的诸多方面的因素。不仅仅是在发单时间、订单中预估接驾时间、司乘人员订单取消行为三个方面，它还使用了具有科技含量的更高维的特征挖掘，同时也使用更加丰富的数据训练。这样才能实时地对司机和乘客进行准确判定，这个判定的准确率已经超过90%。

这就是滴滴常用的判责算法模型，它保证了司机和乘客双方的利益，促进了驾乘关系的和谐，提升了软件使用的满意度。可见，技术的运用，让滴滴不断发展和壮大。除此之外，滴滴平台对用户体验度的提升还投入了大量的智能技术。“猜您想去哪”功能就是滴滴平台根据一些数据做出的智能判断。它给出了用户比较常去的目的地，让他们可以直接选定目的地，方便快捷，改善了用户体验。而在规划路线时，要帮助乘客找出最短的行程。滴滴利用机器学习等技术来达到这个目的，同时可以预估行程中的路况，为用户提供参考。可以说，滴滴公司在成长的过程很重视技术创新应用的作用这样才能促进用户体验中各个环节的优化，最终提升企业在行业中的竞争力。

由此可见，滴滴平台作为互联网约车的巨头，诞生的意义就是对传统打车行业的革命，是一种新生力量。而要做到具备充足的新动能，就必须在技术创新上下功夫。毫无疑问，滴滴平台的技术创新成果是非常多的，它显然属于高科技公司。目前，在滴滴的7000多名员工之中，50%都是技术人员。滴滴还投入巨资在世界科技的前沿——美国硅谷建立了自己的研究院。因为在硅谷，滴滴平台可以向全球顶尖技术人才敞开怀抱，这可以给它的技术创新带来巨大的人才储备。与此同时，滴滴还与国内外著名的大学和科研机构合作，力求发挥各方优势，最终占领行业创新技术的风口。

4. 衰退期

经过稳定增长的阶段后，市场出现了其他的替代品和新产品，生产旧产品的厂商回笼资金投资到其他产品，产品由于缺乏资金，竞争力大幅降低，甚至消失不见。有4种原因可能导致其衰退，它们分别是资源型衰退、效率型衰退、收入低弹性衰退和聚集过度性衰退。

发展新动能代替旧动能或者新旧动能的转换非常重要，企业要做的不是在衰退期力挽狂澜，而是在初创期、成长期就要不停地促进技术创新、管理模式创新，推迟产品的衰落，让产业生命周期增长。产业生命周期理论为新动能的培育和新旧动能的转换提供了重要的理论基础。

第二，熊彼特的“创新理论”。熊彼特用“创新理论”解释了资本主义的本质特征、发生、发展和灭亡。“创新理论”最大的特点是强调生产技术的革新和生产方法的变革在经济发展中的至高地位与其不可替代的作用。在信息技术革命的推动下，人们对创新的看法也发生了很大的变化，创新的要素不再仅仅是技术创新、工具创新，而是各种要素交互作用来实现的。熊彼特认为，创新是把一种从来没有的生产要素、生产条件两个元素的“新组合”，融入生产体系中，以实现对生产要素或生产条件的“新组合”。这样的创新是为了最大限度地获取利润。创新过程以非连续性、不均衡的形式呈现，创新对经济发展和经济波动都能产生影响。资本主义的经济增长和发展动力主要依靠创新。创新有五种情况：采用一种新的产品；采用一种新的生产方法；开辟一个新的市场；掠取或控制原材料或半制成品的一种新的供应来源，不管其原先是否存在还是第一次被创造出来；实现一种新的组织，如占据垄断或打破垄断。后来学者将这五种创新情况归纳为产品创新、技术创新、市场创新、资源配置创新和组织创新。

熊彼特的创新理论认为，创新是生产过程中内生的。创新是企业内部自行发生变化，人们的需求不同，技术的发展都会让人们进行调整，创新时常发生。创新是一种本质性的改变，如淘宝就是一种对于购买方式的革命性的变化。创新的过程很痛苦，代表着一些旧东西的毁灭。就像电话普及之后，电报完全被弃之不用了。当然随着经济的发展，很多时候，创新的方式不再那么激烈，而是一种自我更新的方式。只有能够创造价值的发现、发明才是创新，每天有几百个 APP 上线，但是绝大多数都不长久，因为它们提供的功能，更早的 APP 已经提供了，所以没有什么新的价值，也不能吸引到活跃的用户。创新是经济发展的本质规定。创新是由企业家来实现的，企业家把控企业的发展方向，重点是能否创造条件组合多种要素，实现企业的创新。用数学理论来解释熊彼特的创新理论就是建立新的生产函数，把生产要素和条件进行组合，创造出新的生产体系，创造出最大的价值。

创新是由人来主导的，所以主导创新的企业家精神十分重要。很多大公司的企业家都十分有名，如阿里巴巴的马云、华为的任正非、苹果的乔布斯、脸书的扎克伯格等。他们身上有坚强的意志，有对胜利的热情和坚持，还有对创造的热忱。在这个创新的时代，我们一定要有能够起到引领作用的企业家来带领大家，实现新旧动能的转换和新动能的发展，也培育出更优秀、更长远的跨国公司。这种经济创新是长期的、痛苦的，不破不立，必须有破坏才能有创新。但破坏是需要过程的，要考虑多方面的因素。虽然我国新经济、新产业发展得越来越好，但是传统行业仍然在国民经济中占据很大的比重，所以不能简单地抛弃传统行业，而是要实行新旧动能的转换，让传统行业逐渐转型。此外，还要建立完整的创新生态体系，完整的创新生态体系包括创新政策、人才、文化和创新链，通过完整的创新生态体系，才能最大限度地聚集优秀人才，聚集优质的研发资源，培育出促进经济发展的最新动能。

第三，新经济增长理论。罗默和卢卡斯是新经济增长理论的代表人物，新经济增长理论的重要内容之一是把劳动力的定义扩大到人力资本投资，人力包括劳动力数量、受教育水平、生产技能训练和相互协调能力的培养等。罗默在1990年提出了技术进步内生长模型，模型的基础有三个：技术进步、市场激励、知识商品的反复使用。这个理论的关键是物质资本和人力资本的积累，同时技术的进步对经济增长起决定性作用。新经济增长理论对边干边学和知识积累在经济发展所起的作用予以肯定。新经济增长理论强调发展中国家在经济发展过程中的对外开放十分重要，并且国家之间还能相互传递先进的知识、技术和人力资源的水平。在经济的发展中，新经济增长理论肯定了政策在发展中所起的作用，为了促进经济的长期增长必须制定适宜的政策。

第四，工业化发展阶段理论。美国经济学家钱纳里通过考察制造业内部各部门的地位和作用的变动，揭示出了制造业内部结构转换的原因，提出了工业化发展阶段理论。钱纳里根据国内的经济状况，将经济过程划分为初级、中级、高级三种级别，以及从第一阶段到第六阶段六个阶段。

初级产业对应着经济发展的第一、第二阶段，第一阶段的产业结构以农业为主，生产力水平低下。第二阶段是工业化初期阶段，产业结构从农业转向工业，这一时期的工业主要是劳动密集型产业，以纺织、食品制造等为主。

中级产业对应着经济发展的第三、第四阶段，第三阶段是工业化中期阶段，制造业从轻型转向重型，第三产业得到发展，这一时期的产业主要是资本密集型产业。第四阶段是工业化后期阶段，这一时期主要是第三产业蓬勃发展。

后期产业对应着经济发展的第五、第六阶段，第五阶段是后工业化社会，这一时期主要以技术密集型产业为主。第六阶段是现代化社会，以知识密集型产业为主。

可见，经济发展从不成熟到成熟，收入增长引起人们需求和生产结构的转变。城市化进程和经济增长密切相关，在加快城市发展的过程中，必须促进产业结构升级，促进新动能的孕育和发展，我国的经济发展才能在全球化竞争中取得先机。

第四节　新旧动能转换的政策体系

我国正在全面深化改革，“新动能”的概念是从 2015 年提出来的，为了破解发展过程中遇到的难题，新动能的运用能够为发展提供新动力。

2015 年 10 月，在政府会议上，李克强总理指出：“我国经济正处在新旧动能转换的艰难进程中。”他对我国经济的发展进程作了初步判断，“新旧动能”的词汇和概念得到了国家的初步重视。

早在 2014 年 11 月召开的亚太经合组织工商领导人峰会上，习近平总书记就曾说过：“我们要不断发掘经济增长新动力。……我们要拿出敢为天下先的勇气，锐意改革，激励创新，积极探索适合自身发展需要的新道路新模式，不断寻求新的增长点和驱动力。”

2016 年政府工作报告中提到“新旧动能”，对新旧动能的发展和持续转换作出提示，经济发展过程必然是新旧动能的替换迭代过程。李克强总理指出：“经济发展必然会有新旧动能迭代更替的过程，当传统动能由强变弱时，需要新动能异军突起和传统动能转型，形成新的双引擎，才能推动经济持续增长、跃上新台阶。当前我国发展正处于这样一个关键时期，必须培育壮大新动能，加快发展新经济。”

习近平总书记在接见科技人员时也说到：“我国经济发展进入新常态，必须用新动能推动新发展。要依靠创新，不断增加创新含量，把我国产业提升到中高端。”李克强总理在国务院常务会议上指出：“我们当前正处于新旧动能转化拐点，只要让新经济壮大起来，把新动能培育起来，中国经济就不仅是柳暗花明又一村，更是柳暗花明又万村。”

我国在经济发展过程中积累了相当多的问题和矛盾，经济的风险也逐渐呈现，我们必须加快结构调整，培育新动能，发展新经济，这样我国的经济才能提高效率，提升质量，走得稳。在经济下行压力增大的情况下，2017 年 1 月，国务院印发了《关于创新管理优化服务培育壮大经济发展新动能加快新旧动能持续转换的意见》，这是我国为了加快新旧动能持续转换和培育新动能的第一份文件，文件提出了具体的目标：“新旧动能实现平稳持续、协同发力，资源配置效率和全要素生产率大幅提升，实体经济发展质量和核心竞争力显著提高，支撑经济保持中高速增长，迈向中高端水平，在全球范围内优化配置创新资源，在更高水平上开展对外合作。”新经济得到了高度重视，经济结构和增长格局逐步形成，新经济既解放了落后的生产力，又创造出了新的生产力。

以江苏产业结构升级和调整为例，解析我国新旧动能平衡持续和协调发力的意义。

江苏省以科技为动力促进传统产业的升级。2017 年 7 月，江苏省惠生海洋工程有限公司成为国际浮式设施上的天然气液化生产的标杆企业。在此之前，江苏省南通中远川崎公司诞生了世界上最大的、具备先进的双燃料推进系统的汽车运输船。在化解过剩产能方面，京沪重工、华滋奔腾、启东振华重工等企业也实现了产值增幅均超过 50%的巨大成果。它们主要依靠引入社会资本、国企资本、外资企业资本以及促进产品转型来实现企业的增长。在过剩行业淘汰落后产能方面，2016 年，江苏省化解船舶产能 330 万载重吨、压缩钢铁产能 580 万吨、淘汰水泥产能 380 万吨、压缩平板玻璃产能 300 万重量箱、淘汰煤炭产能 818 万吨。

近年来，江苏省先进制造业占全省制造业比重实现了较快增长，从 2012 年的 38.7%增长至 2017 年的 43.4%。制造业装备水平取得明显进步，40%达到国际先进水平。在生产装备自动化方面，已经有 85%的骨干企业达到了要求。主要原因是制造业结合了信息技术、服务经济的优势，促进了转型升级。

此外，在新兴产业领域，江苏省的新材料、新能源、节能环保、高新软件、高端医药、海工装备等产业规模居于全国第一，新一代信息技术产业规模在全国也排到了第二位。节能环保产业规模在全国也达到了 1/4 的占比，光伏产业规模则接近全国的一半。

智能制造方面，以常熟为例，汽车制造业通过智能制造效率得到巨大的提升，在常熟市工业总产值中的比重由 2013 年的 6%发展到 2016 年的 14%；同时，江苏省的传统产业优势增强。尤其是造船产业以技术水平、创新能力的优势在国际工程机械行业中占有一席之地。

战略性新兴产业成为新动能产生的重要阵地，战略性新兴产业也是江苏省经济发展的新动能。经济转型升级中的一个重要任务，就是要发展战略性新兴产业。江苏省该产业在 2016 年取得了重大成果，销售收入突破 4.89 万亿元。2016 年，这个数据在 2012 年的基础上有较大的提升，是 4 年前的 1.63 倍；同时，占规模以上工业比重在 2016 年也得到提升，从 22.4%增加到 30%。

天合光能、国电南瑞、徐工集团等知名企业成为战略性新兴产业的领头羊。全省高新技术企业总数达到了 1.1 万家，其中 70%为新兴产业企业；而且其中有 60 家以上的企业规模超百亿元，占到了全省工业企业（集团）中百亿企业的一半以上。在江苏，有三个国家级战略性新兴产业集聚试点。一是南京智能电网产业，二是盐城海上风力发电产业，三是泰州新型疫苗及特异性诊断试剂产业。以南京智能电网产业集聚试点为例，它一共扶持了 18 个重点项目。截至 2016 年底，这个试点累计完成投资已经达到了 50 亿元，投资进度非常快，当时已经达到了全程的 97%。2016 年全年智能电网产业营收与 2015 年相比增长了 12%，达到了 1240 亿元。

同时，江苏省还大力发展第三产业，在 2012 年，该产业对经济的贡献率为 39.7%，2016 年则为 60.8%，而且这主要归功于现代服务业产值的增加。如南京软件产业博览馆就是江苏现代服务经济发展成果的见证。江苏省还重视服务业集聚区建设，以扬州经济技术开发区为例，在该区的智谷综合体内，有 93 家现代服务业企业。这些公司共计有 2000 多名员工，其中 85%达到了本科以上学历，而且都是各类对口的专业人才。

由此可见，在江苏省传统产业和新兴产业的发展过程中，既保证了以科技创新为重要的动力，让江苏省传统行业插上了新动能的翅膀，最终实现产业的升级；同时又保证了在新兴产业方面以高新技术为制胜法宝促进行业的快速健康发展。在高新技术企业的发展方面，江苏省一直走在全国前列，这是推动当地经济发展巨大的新动能。这主要是源于江苏省注重以科技创新推动经济发展的理念的运用，注重传统产业和新兴产业的共同协调发展，注重结构调整的意义，注重供给侧结构性改革的方法，最终达到了新旧动能平稳持续发展的局面，对全省的新旧动能转换带来了积极意义。

发展新经济，培育新动能，让中国经济在新动能的引领下尽快转型。新经济的内涵十分广泛，包含了，第一产业中的农业集约化、机器化的生产，第二产业中的工业制造的智能制造、定制化生产等，第三产业中的互联网、电子商务、云计算等。不管是大企业还是小企业，都能在新动能的带领下找到适合自己的发展方向，创造出新的经济增长点。

新动能的增长目前在规模上还不能跟传统动能抗衡，但是在增加就业、收入和经济转型方面发挥出了巨大的作用。随着新动能的发展，必将撑起中国未来经济的新天地。

李克强总理曾经在合作论坛上指出："新动能向传统产业加速渗透，使许多企业发生脱胎换骨的变化，展现出新的活力。中国经济新动能呈现出增量崛起、存量激活和质量提升的态势，对经济增长、转型升级及增加就业的支撑作用远远超出人们的预期。虽然目前新动能在规模上还难以与传统动能等量齐观，但假以时日，必将在中国经济发展中挑起大梁。"

为了推动地区和企业对新动能的重视，李克强总理在 2017 年 1 月召开的国务院常务会议上进一步强调："要切实加快新旧动能平稳接续，协同发力，促进覆盖一二三产业的实体经济蓬勃发展……新动能与传统动能不可分割。新经济、新动能不仅催生了新技术、新业态，也在推动着传统产业改造升级、焕发生机。”2017 年的政府工作报告指出，政府要“依靠创新推动新旧动能转换和结构化升级”，双创时推动新旧动能转换和结构升级的重要力量；同时，还要坚持以改革开放为动力、以人力资源为支撑，加快创新发展，培育壮大新动能，加快新旧动能转换。这种转换既来自“无中生有”的新技术、新业态、新模式，也来自“有中出新”的传统产业升级。这种模式提高了生产率，促进了经济的高速增长，也让产业迈向了更高端水平。

2017 年 4 月，李克强总理在“贯彻新发展理念培育发展新动能”座谈会上提到：发展新动能，一是必须坚持“增量崛起”与“存量变革”并举，既要培育发展前景广阔的新兴产业，也要化解淘汰过剩落后产能、运用新技术改造提升传统产业，实现“老树发新枝”，以加速社会生产力的整体发展。二是要推动有效投资与消费升级二者间的共进，把国内的市场需求作为“导航灯”，大力补上短板，促进产品和服务创新，实现更高水平上供需结构的匹配和优化。三是不仅立足国内市场，也要主动参与国际竞争，抓住世界新一轮科技革命和产业变革机遇，积极培育对外开放新优势，拓展发展空间。

加快新旧动能的转换和培育新动能的重要性自不待言，新时期的新动能主要是从国内的需求端和供给端而来，需求端是指国民的消费能力提升，供给端是指第三产业快速发展，新业态得以产生和发展。当前的新经济以知识为主导，创新文化产业发展得十分迅速。创意产业和服务业成为拉动经济发展的新动能。当然传统产业仍然是经济发展的重要力量，新旧动能共同构成了我国经济发展的新常态。

2017 年 10 月，习近平总书记在党的十九大报告中谈到“深化供给侧结构性改革”中指出：要加快发展先进制造业，建设制造强国，不断推动大数据、互联网、人工智能与实体经济的深度融合，不断培育新的增长点，以期形成新动能。这一点主要体现在加强水利项目、铁路项目、公路项目、水运项目、航空项目、物流项目、电网项目等基础设施网络建设方面。坚持“三去一降一补”五大核心任务，深入推进供给侧结构性改革，实现供需动态平衡。

在供给侧结构性改革的重要指示下，新旧动能转换和培育新动能成为促进经济结构转型和经济向高质量提升的重要动力。从 2017 年上半年的统计数据来看，新旧动能转换的速度加快，经济结构正在逐步改善和优化，我国经济一路向前向好。为了扩大经济向好的态势，必须进一步加大新旧动能转换的力度，注入强力的动力支撑。2017 年 4 月，李克强总理在山东济南和威海进行考察，希望山东能够加快新旧动能的转换，为扩大全国经济向好的态势提供重要的动力支撑。山东省政府很快就召开了全省新旧动能转换重大工程启动工作会议。会议强调：推进一二三产业融合，促进产业链相加、价值链相乘、供应链相通，以重大项目作为支撑，以促进新旧动能在转换时形成“项目库”，具体体现在聚焦中心和重点方面，可通过“四新”（新技术、新产业、新业态、新模式），促进“四化”（产业智慧化、智慧产业化、跨界融合化、品牌高端化），来引领代表山东地区的优势和未来发展产业，这些产业包括高端装备制造、高端化工、能源原材料、信息产业、海洋经济、文化产业、现代金融业、医养健康、旅游产业、现代农业，以构建出全省新动能的重要载体与向前发展的主导力量。

2017 年 7 月，山东省印发了实施意见，进一步深化结构性改革，促进新旧动能转换，让山东从制造大省转向创造大省。山东省还加大对新旧动能转换的重点领域和项目的支持力度，加快培育新动能，发展新经济。

2018 年初，山东新旧动能转换综合试验区建设的方案得到国务院的同意。随后，山东省全省上下都以“新旧动能转换”为工作的重心和中心展开。山东省领导也提出要实现高质量的发展，提高经济创新能力，赢得区域竞争，促进产业升级，新旧动能的转换是关键。为了搞好新旧动能的转换，山东省领导提出：第一，要注重从传统发展模式中解放出来；第二，要注重从单方面的 GDP 增长速度中解放出来；第三，要注重从守旧守成中解放出来；第四，要注重从机械式的政策指导中解放出来；第五，要注重从小格局、窄视野的发展中解放出来；第六，要注重从自我的政绩中解放出来。最重要的是要有主观能动性的人来主导新旧动能转换。

第五节　我国新旧动能转换的时代背景

新旧动能转换的重要性已经被强调过很多次，这是上升到国家层面的战略选择，是全面建设小康社会、推进供给侧结构性改革，以促进经济结构升级的向前发展。

我国处在一个全球性的经济发展大形势之下，世界经济发展的进程的本质就是新旧动能转换的过程。18 世纪 60 年代开始的第一次工业革命实现了机械化的生产，人类从农业时代进入轻工业时代。19 世纪 70 年代开始的第二次工业革命，实现了从轻工业时代到重型工业的转换，煤炭、电力和交通运输等得到迅速发展。工业是一个国家发展程度的重要表现。我国的工业化进程从 20 世纪 50 年代开始，中华人民共和国成立之后建立了种类齐全的现代化工业体系，很快从工业化初期跨越到中后期，特别是钢铁、煤炭、电力等逐渐成为国民经济的重心，但是当时由于国际形势较为严峻，我国片面地发展重工业，而忽略了农业产业、轻工业产业、第三产业的向前发展，忽视了广大人民群众的需求，经济结构发展失衡，满足不了广大人民群众的物质需求。改革开放之后，我国的经济结构得到调整，轻工业迅速发展起来，人民的物质生活逐渐丰富起来。进入 21 世纪以来，我国的轻重工业发展突飞猛进，城市化进程加快，人们的消费水平也发生了翻天覆地的变化。2012 年以来，我国经济发展进入了工业化中后期，之前单纯依靠资源、廉价劳动力的粗放型经济增长模式难以持续下去，主要原因是劳动力成本提高导致工业生产经营成本增加，环境的压力越来越大。而从世界范围来看，资源分布不平衡，环境污染严重，很多国家经济增长乏力，还伴随着小规模的经济危机，世界经济进入新常态。我国经济的主要特征有速度换挡、结构调整和动力转换。动力转换也就是新旧动能转换和新动能培育是其核心。为了解决新常态下的经济问题，必须更快地推动新旧动能转换。

由此可见，我国所面临的国际国内的发展问题，就是我国新旧动能转换的时代背景。下文以国内的需求和国外的竞争两个方面的内容，来分析我国新动能产生的必要性。

首先，在我国的内部需求方面，可以从个人、企业、国家三个维度来分析新动能产生的意义。

个人方面，我国大部分地区人们已经达到了基本的生活保障，在消费需求方面不断地提出了更高的要求。如对高端品牌甚至是奢侈品牌的渴求。例如，很多女生会网购或者代购日本、韩国、欧美的化妆品；花几千元甚至更多的钱去购买日本的电饭锅、德国的吹风机等；花大价钱在国外购买奶粉等。这些就是我国人民对需求升级的表现。消费升级就必须有产品的升级。如果我们的企业有足够的新动能，如较强的研发能力和营销能力，那么在产品的升级中就会有更好的表现。

再以网购为例，对我国人民的消费体验进行分析。网购，尤其是智能移动网购行业，也就是手机购物行业在近年的发展十分迅速。我国大量的手机用户都习惯在手机上购买产品。这些人群主要以追求个性化服务的年轻人为主，也包括高收入和高素质的白领，相应地它的配套服务就必须得以完善。如流通环节的物流，以及售后服务，都是制约网购企业发展的重要因素；但是，我国的企业目前在这两个方面还有诸多问题，所以它们必须要依靠企业的技术创新来处理这些服务过中产生的问题。例如，京东的机器人送件就是一个创举；但是，目前我国的企业在提升服务品质方面还做得不够。如淘宝的客服，他们与客户发生争执的事情时有发生。如果企业通过技术来规避这个问题，将智能化和人性化的服务进行有机结合，那么企业的售后服务质量就可以大大地提升。在我国的企业中既要体现科技力量，也要体现人文关怀，最终才能让消费体验的质量得以提升。所以，从个人需求来说，我国的需求已经升级，没有高质量的产品和服务就不能满足我们的内需。所以要扩大内需，就必需采用先进的生产技术、科技力量作为新动能来促使企业转型升级，最终生产出高品质的产品和提供高水准的服务。

从国家的角度来分析，我国始终坚持为人们谋福利，为人们着想。当国家的人民在生活中不能获得需求上的满足时，国家必须要出台政策来改变这样的局面。如以前的“西气东送”工程和“南水北调”工程，都是为满足人们的基本生活而采取的积极措施。目前，面对需求疲软，人们对国内产品的需求有所降低，国家也必须要采取政策来刺激需求的增加。如供给侧结构性改革就是基于需求结构改变而制定的战略。而供给侧结构性改革的过程就是去旧产能，以新产能来提升需求量，这个过程就必然有新旧动能的转换。因此，国家要改革、要发展、要不断满足人们的需求，就必须要破旧出新。在这样的形势下，就必然形成新旧动能转换的趋势。

其次，在国际环境方面，我国的企业需要走出去占领国际市场；同时，国家在世界上的地位和角色日益突出，我国必须从内改变动能来迎接新一轮的挑战。

对于企业来说，我国工业中的低端制造业还占有比较大的份额，具有高新技术的中高端制造业的占比较低。对于后者，要走向国际市场，最重要的就是要提升高新技术的含量。如我国软件生产中的华为，汽车制造中的比亚迪、吉利。它们在国际上的市场份额都比较大，但是它们目前还处于市场的中低端，与国际知名品牌之间还有一定的差距。如华为与苹果、三星的客户，在全球市场上的分布就有一定的区别。比亚迪、吉利等企业更无法与德国著名的汽车制造企业相媲美。一方面，由于国外的名企已经具备了悠久的历史，经验比较丰富，在品牌的知名度上已经占据巨大的优势；另一方面，这些企业在技术上的领先和部分细分领域的技术垄断也是重要的因素，它对我国的跨国企业在行业内的布局和发展带来了巨大的冲击。所以，唯有以技术革命为企业发展的新动能，以此来推动企业不断提升生产力和产品的品质，只有这样才能赢得更加高端的市场，也才能在全球价值链中取得中高端的位置。

从国家政治的角度分析，新动能的诞生对巩固我国在国际上的地位具有积极意义。我们在世界上的地位和角色的重要性已经得到了世界各地的认可；但是，仍然有一些西方国家出于贸易经济、政治文化等方面需要，会打着人权的旗帜来攻击我国。由于我国属于发展中国家，人口又很庞大，民族也众多，地域的条件也是千差万别。这就不可避免地出现一些发展不平衡的现象，如东西部发展的不平衡。当我国的各民族有一部分人或者一部分地区发展得更快，那么落后的那部分人和地区就会产生负面情绪，这对我国内部政治的稳定带来了负面作用，这就是一些外部势力经常做文章的借口。所以，在我国的经济发展中，“平衡”二字很重要。目前，我国已经采取措施来解决这个问题。如西部大开发、东部产业转移、经济结构调整等一系列的政策和策略。它们都为我国的政治稳定、社会稳定以及国际威望等方面带来积极影响，而这些政策都牵涉到新旧动能转换。

综上所述，我国的内部必须要深化改革，以新的革命来产生经济发展的新动能，满足新需求。所以，新旧动能转换才能推动历史向前发展。从我国乃至世界的历史发展中，我们都可以找到这样的例证。

新旧动能转换的动力是新一轮的工业革命带来的。最新的工业革命发展从 20 世纪中叶开始，原子能、计算机、空间技术和生物工程的发展带来生产模式向智能化、信息化迈进，信息产业技术、核工业和新能源技术等迅速发展。以推动全球新旧动能转换的信息技术、人工智能等是其他国家产业变革的方向，我国当前的新动能有“互联网+”、数字经济、共享经济等，新动能不仅能带领我们跨越中等收入陷进，还是争夺全球产业发展主导权的重要条件。所以从全球的发展来看，中国也必须推进新旧动能的转换。

虽然我国已经发展了很多新动能孕育出的相关产业，但是传统工业仍然是国民经济的重要支撑，传统工业的新旧动能得以转换和新动能的孕育成功，才能让我国的经济更加平稳高效高质地发展。

在工业新动能中，既有新兴产业创造的新动能，也有通过互联网和信息化与工业化的深度融合，经历过融合之后，释放了产业的能量，提高了产业的效率和产品的质量。

新动能不仅具有时代性，还具有地域性和长期性。对于我国来说，沿海地区的经济发达地区更容易进行新旧动能的转换和新动能的培育。新旧动能转换和新动能的培育不是一蹴而成的，我们要做好打持久战的准备，还要做好各部门、地区和企业之间的协作，团结一切可以团结的力量推动新旧动能的转换。此外，还要针对不同地区、不同行业制定差异化的动能转换方案，最大限度地发挥新动能的能量。

在产业升级过程中，最好借助“互联网+”的新动能，降低企业的交易成本和生产成本，成本降低之后可以将多余的资源和资金用在提高效率、拓宽产业链上，让产业逐渐从低中端迈向中高端。产业转型升级就是产业的供应链、产业链和价值链之间的融合提升，使产品内部的技术、质量、制度等结构升级，打造能够应对全球经济竞争的高端企业。我国的阿里巴巴、腾讯等大企业在发展过程中借助信息产业技术实现弯道超车，企业在全球经济过程中不断积累优势，最终拥有强大的控制权、谈判权和议价权。新动能是产业升级的重要驱动力，产业内部的升级带动产业间的升级，最终实现各个产业的全面升级。

特别是很多的传统行业产能过剩，产品缺乏竞争力，新动能给这些传统行业带来了新的动力。在信息化时代，互联网、大数据等为难题的解决带来新的视角和思考方式。在互联网浪潮下，借助互联网将产品销售到世界各地，在电商平台上，企业可以直接将产品销售给顾客，省却了中间商，给了消费者很大的实惠，同时企业还能从消费者那里获取对产品的用户体验等数据。这些分散的个性化信息在大数据和云计算等技术的处理下，成为驱动生产和销售的重要依据，提高了企业的效率和产品质量。随着人们个性化需求的提升，个性化的产品和服务也越来越被企业所重视，企业满足了消费者的需求，消费者的消费也让企业的增长一步步创新高。

新动能的培育离不开创新，创新驱动了新技术、新产业的产生和发展，创新需要投入大量的人才和资本，所以必须要保护知识产权，完善产权保护制度，只有完善的产权保护制度，才能保障创新人才的权益，降低交易的成本和风险。新动能的孕育更需要体制的保护，政府部门在新动能的孕育上要有一套监管制度，消除安全隐患，进一步提高创新激励，为新旧动能转换和新动能孕育保驾护航。

除了经济发展需要新旧动能转换，还包括社会和人的发展，很多产业升级之后实现了智能化、集约化的发展，很多岗位消失，导致就业形势恶化。但同时，新经济、新产业也创造了很多的机会，人们必须不断学习，多多了解新经济，找到适合自己的职业。特别是现在很多人都自己创业，只要把握了时代的脉搏和普通民众的需求，就能逐步走向成功。互联网的时代让人们之间的联系迅速方便起来，特别是信息传播扁平化，在知识越来越重要的时代，年轻人既是时代的受益者，也容易被时代无情地抛弃。对于年轻人来说，了解新旧动能转换和新动能培育的背景和意义格外重要。

新旧动能的转换缓解了环境污染的进程，很多国家和地区都在纠结是发展经济还是保护环境。曾几何时，发展经济和保护环境水火不容，经济发展上去了，环境污染严重；当地环境优美，经济发展却没法搞上去。现在随着技术水平的提升，环境污染程度有所降低。

新旧动能转换的实质是创新能力，也是超越能力，超越以往成功的经验，不因循守旧，开放视野和格局，需要有远见的创业家和企业家。除了技术创新，我们还需要制度创新、理论创新、文化创新等。在新旧动能转换的过程中，不能破坏传统文化的多样性，特别是古老的建筑、民俗等，对于城市和乡村来说都是不可多得的精神财富。不管我们的科技水平有多么发达，我们总还要有能回去的地方。

在新旧动能转换的过程中，我们要培育出能够主导新旧动能转换的人才：他们拥有新概念，新的思考模式，喜欢变革，能够破除不合时宜的传统，他们打破限制，他们同时是企业家、技术人才。

第六节　我国新旧动能转换的现状

为了更好地实行新旧动能的转换和孕育新动能，我们要从根本上厘清我国经济所处的发展阶段，正确看待和分析经济发展中出现的关于新旧动能的问题，制定出符合实际的政策和战略。我国新旧动能转换的现状可以分为四个方面。

第一个方面：需求变动导致发展动能后劲不足。经济发展最原生的动能是需求，改革开放以后，我国经济全面放开，人民群众的需求如潮水般涌现出来，但这个时候，普通群众手里普遍可支配的收入并不多。我国经济的增长主要依靠高投资、低消费和外贸来带动。高投资是指全国各地的基础设施建设，低消费是指国民的消费水平较低，储蓄高，支持国家建设，而外贸主要是指我国商品出口到其他国家，获得较高的外汇收入。这就是长期主导我国经济发展的“三驾马车”。

随着国际经济形势的普遍低迷，需求也发生了常态性的萎缩，国内的经济下行压力不断增加，投资的边际效应也在不断降低，“三驾马车”前进得越来越慢，成本越来越高，在经济发展的带动作用下所表现出的效果越来越低。需求侧动能的内部发生了结构性的变动，以粗放式的投资、中低端消费和规模性出口为代表的需求动能越来越不灵了。粗放式出口以山东为例，山东是制造业大省，一直是高投资的产业模式，在“十一五”期间，提升 1 元增加值，只需投资 3.9 元，到了“十二五”期间需要投资 7.8 元，到了 2016 年则上升到 13.08 元。这种高耗能、高投资、低收益和低产出的粗放型投资难以长久进行下去，同时国家并不鼓励靠增加投资刺激经济的行为，主要是当前煤炭资源减少，石油价格连创新高，环境污染严重。在这样的时代背景下，必须创建以高效率和高质量为核心的需求侧新动能。

第二个方面：生产要素供给的发展动能受到约束。对于以高投资为主导的经济发展模式，我国主要依靠劳动力、自然资源、资本和土地等低成本要素投入，在经济发展的前期，这些生产要素便宜易得，相反地，创新需要投入大量的人才、资本和时间，甚至还可能导致失败，所以技术创新对我国前期经济发展的作用并不突出。经济发展的基础动能是人力、资本、资源等生产要素，而创新是提升生产要素生产率的重要推动力。长期以来，创新是我国经济发展的大问题，创新对于企业来说是非常重要的，但是仍然没有得到足够的重视，创新的市场化、产业化程度较低，而创新的投入较高，公司的研发部门很长时间就像是食之无味弃之可惜的鸡肋。从我国改革开放之后的20多年来看，经济一直处于追赶发达国家的状态，我们主要引进外国的先进技术并进行复制模仿，原创的比重较低。对于当时的国家经济发展阶段，模仿和转化外国的技术就能获得很高的收益，所以当时对创新的需求并不明显。但现在我国经济发展遇到难题，生产要素投入的边际效应越收越窄，人力资本增加，自然资源、土地成本节节攀升，想以低成本、低技术和低质量的产品进行扩张怕是再也不行了。生产要素的动能要从量转向质，从传统的粗放型转向对新技术、人才等要素的精细化供给。生产要素的发展动能，已逐步转变为创新驱动。此外，改革开放40年来，我国的经济总量已经跃升到第二经济大国，特别是在后工业化时代，世界经济较为萎靡的大环境之下，特别需要新一轮的科技革命带领更多国家走出低谷，重新走向繁荣。为了保持经济的持续性增长，在新一轮科技革命中占据有利地位，我们必须要开展技术创新、制度创新。

关于技术创新方面，政府的职能是完善技术的研发、转化和产业培育的体系，促进研发转化率，而不是具体的规划、指导或者干预，不要出现外行人指导内行人的笑话。

以我国在近年来实行的国企股份制改革为例，它是我国企业在发展中进行制度创新的典范。它利于国有企业吸收具有活力的社会资本来提升自身的活力，但是，在这些改革的过程中，还存在很多问题。它既要保证国企的利益，也要照顾到其他股东的权益，在公司决策制定的过程中就往往会产生一系列的矛盾。没有完善的制度体系，就不能很好地规避这些问题。例如，我国企业发展中存在一个共同的弊病——人凌驾于制度之上。

这里的人不仅指工作人员，也指人情。我国企业管理的特色就是人情化泛滥。如上面提到了政府职能转变，一定程度上也是因为人在作怪。这在国际上的公司中是无法想象的，它对企业的发展也会造成消极影响。所以，必须要破除这样的旧体制，以完善的管理体系作为新体制，以此来促进企业效率的提升。我国必须要充分地学习国际上先进的现代企业制度，包括企业的治理模式、股份制结构等方面的内容。新的制度带来新动能和活力，在完善的制度体系的保障下，才能满足企业以规范、高效的方式运行；同时，也必须要充分结合我国当前的实际，尤其是充分地发挥社会资本的积极性。如国企兼并了环保产业的民营企业，在国家重大的政策利好影响下，就要充分地给予企业中的民营成分一些突破发展瓶颈的政策支持，鼓励它们在自身熟悉的领域取得发展。兼并就是新动能产生的一种重要形式，通过兼并各种资源得以有效组合，可以形成更具发展潜力的生产要素，最终为新旧动能转换带来积极的影响。

第三个方面：产业供给的发展动能亟须升级。产业是经济发展的供给动能。我国产业结构发展不平衡，第二产业中的资源类产业和初级加工业较为发达。第一、第三产业和其他新兴产业发展程度较低，导致产业结构不均衡。随着工业化的发展，第三产业逐渐上升成为国民经济中的主要产业，占 GDP 值逐渐升高。

我国的支柱产业主要是传统产业和重化工业，而新兴产业、现代化服务业、集约生态产业等发育迟缓，动能不足，导致产品的科技含量较低，产品在产业链中处于较低层次。因为是高耗能、低效率，所以能源和资源的环境承载压力较大，产业供给的结构动能无法持续。动能不足主要表现在传统产业多数处于价值链低端，生产出来的是基础产品，高端产品比重偏低；此外，动能不足还表现在新兴产业较少，高科技产业比重较低，特别是高端的能起带头作用的大企业。很多企业还采用传统的经营模式，对互联网的认识和使用不充分，导致产业的跨界融合力度较弱。很多企业的品牌建设投入不足，国际化品牌少，在全球化的经济形势下，竞争力不足，并且产能过剩。我们必须改变产能过剩的现状，还要补充产能不足的缺陷，力求供给侧动能的优化升级。

第四个方面：制度供给的发展动能亟须改革。好的制度能够促进经济发展，为经济发展提供规则动能。改革开放以来，我国经济发展迅猛，在过去的40年里一直保持着高速增长。经济的发展得益于生产力的解放，国家对经济的发展制定一系列的有利政策。政府对经济的发展有很强的影响力，如股市不利的时候，有人就呼吁政府来救市，政府在给经济托底。政府的工作有好的一面，同时也有不好的地方，在市场竞争中，存在一些越位、缺位甚至错位的问题。如政府的职能本来是协助企业，而不是干预企业，制定企业发展的一些路线，有的时候进行行政化干预，导致市场经济发展不充分，从而产生不平等的问题。政府在保护知识产权、鼓励公平竞争和完善社会信用体系方面存在缺位，从根本来看，公平有序的市场经济秩序还没有建立起来。

政府要处理好权力与市场的关系，转变职能，不干涉市场，而是让市场自己决定资源配置。如地方的商业环境，商业环境对地方经济发展和培育动能具有十分重要的作用。例如批发市场，最有名的小商品市场——义务小商品市场，有一条完整的产业链，批发的上游是企业，下游是市场，终端是全国各地的小业主。专业市场的形成反映了当地的营商环境、政府和市场的关系。政府不仅要推进简政放权，还要降低企业的税费。在经济下行时期，企业的利润下滑，融资困难，这时政府要切实地减免一些税费，给企业更多的生存空间，使其度过下行的困难时期。政府要大力发展民营经济，提升公共服务质量与效率，鼓励企业创新，提升产品的附加值，为企业创造一个良好的公平竞争的环境。这是现在以及将来一段时间制度层面功能供给的重中之重。

除了上述四个方面，我国新旧动能转换亟须人才。当前有很多二线城市放低城市人口入籍门槛，希望能引进各方面的人才，促进城市建设。在经济发展中，人才是新旧动能转换和新动能孕育的重要推手，政府可通过体制机制的创新，引进和培育现代化的新型科研机构，创建属于本地的人才训练基地，为新旧动能转换和新动能培育储备人才。与传统科研机构相比，新型的科研机构对年轻人来说更有吸引力，更有活力和创造力。科技的创新能够让城市在竞争中脱引而出，所以我们要引进高端人才、科研人才和管理领军人才。加大相关人才的引进，为新经济、新产业提供足够的智力资源，带动经济发展走向更高层次，创造更大的价值。

一个人的力量大于千军万马，这是一个亘古不变的真理。它是对才华出众人才的重要性的肯定。我国处于转型升级的时期，对于高素质人才的需求也是很大的。虽然我国非常重视高等教育的发展，截至 2017 年，我国的高等院校达到了 2914 所，在上次统计基础上增加了 169 所。2001 年，全国的应届毕业生 114 万人，此后，我国每年大学应届毕业生的增长也非常高，每年递增 50 万人。到 2009 年突破了 600 万人，到 2017 年更是达到 795 万人。

虽然我国的高学历人才数量巨大，但是在技术、创造力、心理等方面综合素质较高的人才占比很小。简言之，我国大学生的综合素质还不能适应企业改革升级的需要。创新是企业的发展动力，而创新人才是决定企业创新研发的关键因素；但是，目前我们的人才结构还有很大的问题，这些高素质人才在创新方面还不足，导致我国的创新人才总量还比较少，出现了较大的缺口。这主要是由我国目前的教育改革跟不上企业的需求导致的。很多人才在进入社会之后难以适应社会，他们没有一技之长，也就更不具备创新能力，学习和社会实践完全脱节。这就需要我国全面地改革人才培养的体系，最终提升我国人才的创新能力。

同时，在我国的创新人才队伍建设方面，目前，国家给予他们的鼓励和优惠政策还不能满足创新人才的要求。我国很多的优秀人才都飞向了世界各地的创新研发中心，如美国硅谷。我国要留住这些优秀的人才，就必须要创新人才队伍建设机制。在给予他们各方面的优秀条件之后，相信会有越来越多的国内外的创新人才为我国经济和各项事业的发展提供新动能。

第二章

新旧动能转换的必要性

第一节　新旧动能转换是世界经济演变的客观规律

新旧动能转换是指以新的动能代替旧的动能，即产业结构、生产方式等作业模式上的转换。从内容上来讲，它并不是陌生的概念。新旧动能转换第一次被提出是在 2015 年，李克强总理在政府工作会议上阐述了“我国经济正处在新旧动能转换的艰难进程中”这一卓识，从国家层面上，认定了新旧动能转换的必要性和迫切性。

从历史的发展结合当代全球局势来看，我国正处于新一轮的经济转型之中。老旧的生产工艺亟须快速被更替，新的科技势力应当立刻提鞍上马，投入运营。被动只会挨打，资源会迅速流向早有准备的企业，提早行动才是万全之策。从国家领导人的整体部署来看，领导阶级已经充分意识到新动能的重要性。

一、产业结构的客观转变规律

世界发展的原动力，来源于事物客观的转变规律，旧事物会被新事物改革和替换。纵观人类发展历史，从原始社会到封建社会，然后资本萌芽到社会主义社会，每个时期都有对应的社会生产技术和社会生产关系，外化为生产工具的更替和发展，决定了社会生产力的高低，对推动社会发展进程起到了举足轻重的作用。在原始社会，人们的生产工具多为原始自然存在的产物，如锋利的石器，它无法复制。然而这些工具参差不齐，难以继承和传承，没有丝毫技术可言，对于生产的标准性和规范没有贡献，社会生产力极低。人们在生活中，潜移默化地改变了使用的工具种类。人类在不断迁徙中，因地制宜，发现了金属冶炼的奥秘，从而进入青铜和铁器时代。生产工具的转变，为社会发展提供了新动能，取代之前低效的石器，为多元化、规模化和标准化生产提供了可能，不再像原始社会充满不确定性。社会生产力的提高进一步解放了人类的劳动力，同时，更加细分的社会分工，为社会技术的发展奠定了基础。伴随着工业革命的号角，人们进入了蒸汽时代，工具发生了质的飞跃，生产效率极大提升。人们生活中“吃、穿、住、行”已经不同往日，蒸汽时代成熟的交通工具使人类不再惧怕大海和远航，探索的足迹遍布全球，认知不断提升，社会科技水平达到空前的水平。

社会发展进程是不会停歇的，随着电的发明，电动机取代了蒸汽机，改进了其庞大和不便利的缺点，使生产更具灵活性和易用性。生产原材料的拓展，进一步为生产注入活力，生产活动更加细分和多样性。社会科技基础理论的发展迅速，电磁波的发现，使人类进入信息时代。这个时代是智能化的时代，人类的交流是简单而高效的，在生产上更多强调的是精确性和智能性，进而完全解放人类劳动力。信息穿梭在云上，交换处理却在微小的芯片，原子纳米精度决定了工具的竞争力，此时的工艺在挑战人类极限的路上精进。

下一个社会工具革命在哪里？一定不会是轻而易举的，社会发展的每个阶段都凝聚了人类的知识精华，需要不断地学习和广泛地实践。只有社会基础科技理论得到长足发展，才能为生产工具改进革新，成为推动社会经济快速发展的基石。现有工具所蕴含的能力还未充分发展和使用，我们要丰富工具的类型和规范性，丰富动力源材料。目前，我们使用的生产资源还是不足，并且存在局限性，无法为全人类服务。要真正达到社会发展的下一级目标，不仅是生产工具的拓展，更在于生产要素的利用和开拓。现有资源的获取造成了很多社会代价，如环境污染等。如何改进工具减少代价，也是我们发展的目标。

时代在发展，能源的获取与利用也随着时代的变化不断变革。古代交通主要靠人力和马，伟大的长城就是人们一砖一瓦搬运和砌筑的，其周期长、作业繁重、效率低下，用现在的话来说，个人的动力能量值不足 1 马力，以农耕为重要劳动方式的农牧业更是如此。要想在古代过上比较舒适的生活，要么有一匹马，或者出生在粉黛众拥的著姓世家，马与家奴为主人分担了大量的体力劳动。到国民时期，出行时有了汽车，则更加便捷。直到现在，四通八达的交通网络更是方便了出行。交通工具的发展和布置，直接影响了一个城市的中心脉络布局。正因为其重要性，国家才会大力推行基础建设，高铁、地铁、铁路，以及珠港澳大桥，都反映了交通规模的能力级别和规模都不同往日。相比不足 1 马力的人力时代，神秘的航空母舰的功率可达 25 万~30 万马力，动能和效率提升了几十万倍。

从原材料及基础装备来看，与过去不同，现阶段煤炭和石油的使用更加科学和环保；而太阳能、电力、核能的深入研究，也使之越发趋于多元化，如太阳能路灯、太阳能热水器等，对原始材料有了充分的利用。社会结构由原始驱动向创新驱动转变，人们所依赖的资源形式也从单纯的肉眼可见的石器工具过渡到了无形的科技信息上来。过去测量物件大小需要尺量；现在手机上自动测量的软件可在一秒钟内给出物件各方面的尺寸数据，快捷而高效。故人们在社会物品的使用习惯上也在发生变化，新动能以出人意料的方式侵入了生活的边边角角。

人是劳动的主体，世界进程的推进是一场单纯依靠体力到更多青睐脑力的颠覆性变革。从扫地机器人到陪孩子读书的智能机器人，人工智能的时代已然来临。从市场需求来看，人工智能专业的博士应届生，可以拿到80万元年薪，足以说明智能化是未来大势所趋，是必然之路。国家从教育方面也开始培养小学生学习编程，正是在为将来打好人员基础，故人的发展也是在适应新的动能。

二、新旧动能转换，应把经济效益作为基础

2017年，新动能的切实实践让山东人为之振奋，原因是新旧动能转换综合试验区落户山东。怎样做好新旧动能转换综合试验区的良好示范，不辜负国家和人们的期盼，是山东人不断思考的问题；而国家把发展重任落实到这片区域，既是信任，也是为山东的发展提供机遇。

在山东的新旧动能转换中，企业始终是新旧动能转换的主要对象。对市场有着敏锐嗅觉的企业家应如何把握机遇？从企业家们的角度来说，他们的眼光要紧盯市场需求。企业发展所需的新动能跟过去相比有很大不同，以往在发展中遇到棘手的问题很正常也很无奈，领导者们殚精竭虑依靠人脉多走门路找寻解决办法，十分被动；而结果往往也不如人意，使不少企业家备受打击。而如今充分利用物联网、大数据、人工智能等先进技术，相同模式的难题往往可以通过搜集资料、排查比较等方法使问题迎刃而解。消除了决策者的后顾之忧，企业才会越做越强，越做越大。即便最

传统的粮食储存方面，济南科学家金钟成功研发的粮食光纤测温系统温速度快、故障率低、长期稳定性好，使粮食储存更加安全可靠。

再从另一个与人们生活息息相关的产业链——物流产业说起。其从最初的区域物流，经过互联网的深度融合，毅然转型成了全国物流中心之一。济南的产品可以几天内到达西北地区。百家争鸣的物流各有分工，有的总融资额十多亿元，上市也排上日程。有了资金支持，货物运输就不单单是物流企业的唯一功能，供应链金融也是有待开发的宝地。长远来看，物流企业还有很大的发展空间，如利用接地气的企业文化，也可以在人才引进、产品开发、服务提升方面有所建树。

另外，受到深圳、成都等地的影响，济南市计划建设一批以产业划分的中小微企业工业园。政府提供环保配套、公共服务等，为中小企业解决后勤事宜，鼓励其发展，多方面成长，小而广聚。既可以用发展的眼观看问题，也为解决人才分配以及为国家创造税收做出精准策略。

不仅山东，全国各地的企业也在国家的带动下，重新思考新动能所带来的经济效益。灯火透明的写字楼上，新媒体公司势头正盛。它们依靠互联网的连接性，深度发掘信息传达与用户之间的紧密联系，以求信息在最短时间内被看到并被认可。同时，以华为为代表的民营企业在开拓 5G 的道路上一往无前，克服一切困难找出路。信任科技才是第一生产力，尽管华为 CFO 孟晚舟女士在加拿大被逮捕，但人们相信，任何暗箱操作都不可能阻止科技的进步，真相总会水落石出。因为历史发展具有必然性，决策者应广开世界大门，热情迎接新动能带来的巨大变化；而不是通过制裁新技术和限制人才自由，将先进的科学技术拒之门外。任何一个国家都不能也没有办法将历史的巨轮暂停。与世界发展规律握手言和，才是长久发展之计，也是一个国家成为经济强国的保障。

第二节　新旧动能转换是新技术革命的必然要求

社会经济发展中的新动能必然因为技术革命的爆发而产生。在新旧技术交替的过程中，也就必然产生新旧动能转换。以 20 世纪 40 年代末期、20 世纪 70 年代、21 世纪初期、2010 年至今四个阶段新技术的产生和发展为例，可以分析得出，科技进步、新技术革命必然要带动新旧动能转换。

20 世纪 40 年代末，全球经历了一次新技术爆发的洗礼——第三次科学技术革命在全世界发生，主要包括电子计算机、原子能、航天空间技术的诞生。这些技术被应用到工业领域，随之诞生了多种多样的高新应用技术。正是这些具有高新技术的产业，在经济的发展中不断地革新原有产业，让旧动能退出了历史舞台，新动能以其巨大的技术优势不断地推动工业快速向前发展。在这一时期，给人类带来最大影响的技术就是计算机技术。由于计算机运算功能的强大，它对大量繁复的人工运算的替代作用是不言而喻的。现代科技中的大量运算能够快速、高效地实现，主要就是依赖计算机的新动能。

以计算机为例，最初它简化并减轻了人类的运算量，而且还具备储存的能力。它利用电子学原理，根据一系列复杂的指令来处理数据。1946 年，第一台通用电子计算机在美国诞生。没有任何软件的计算机被称为裸机。随着科技的发展，又诞生了一些新型的计算机，主要包括生物计算机、光子计算机、量子计算机等。这些计算机的诞生为日常的数据输入与输出提供了便捷；同时，计算机网络访问设备为数据的传输提供了极大的方便。所以在输入与输出两个领域，计算机改变了人们的运算方式，也为人类的生产和生活提供了便捷的服务。

20 世纪 70 年代，新型材料技术、微电子技术、生物工程技术作为新的科学技术影响着人们生活的方方面面，它更成为一种新动能，替代旧动能推动经济不断地向前发展。同时，新兴材料技术领域的迅猛发展促进了复合材料的诞生，它可以替代天然材料，提升工业的生产值。20 世纪 70 年代，我国比较流行“的确良”，这种材质的衣服就是源于复合材料。它属于合成纤维的材料，也就是被广泛地运用在服装制作中的涤纶。与传统的、天然的棉花相比，这种材质有很多优势。主要是它不需要大量的人力、物力、财力，在生产时间上也缩短了很多，不受季节的限制，在产量上也能够达到比较稳定的局面。棉质产品与涤纶相比就有很多的劣势。因为棉花制品不仅要需要很长的生长时间和后续处理的时间，加上当时中国的棉产量不稳定，所以棉质材料在供给方面有不足的情况，而且价格也比较贵。随着的确良的诞生，它取代了旧产品，解决了供给不足的问题，并且因为物美价廉的高信价比在市场中成为被追捧的对象。它刺激服装生产企业采用新型材料及其技术，更新自身的生产设备，淘汰旧的生产模式，以新动能来促进企业经济效益的提升。这在当时的中国也是一种新旧动能转换的典型形式。

全球在 21 世纪又发生了一次新的技术革命，它为全球经济的发展带来了诸多新亮点和新挑战。20 世纪末开始，互联网技术的诞生，提升了计算机的功能。互联网和计算机的结合为人类社会开启新的文明征程提供了重要的技术支持。全球开始从工业文明升级到更高一级的信息文明。在 21 世纪的信息文明时代，人类发展中的新模式就是依靠信息传播网络，依靠各类数字和代码技术来帮助人们解决生活中方方面面的问题。在信息传播中创造价值的多寡由服务用户量级来决定，而且信息时代具有开放的社会化的特征，主要表现在以下三个方面：一是信息的生产，二是信息的传播，三是信息的变现。由此可见，互联网技术为信息传播技术提供了重要的支柱，这就使它成为信息文明时代的主流。

互联网具备了无缝和开放的特质。这个特征使人类社会在信息时代取得了不断的进步，主要体现在完成了两个阶段的互联网进程。互联网进程的第一阶段：信息的互联网化，就是人与网络之间的交互。人们在输入信息到互联网之后，也从互联网上获取到自身需要的信息。互联网在人类的生活中占有重要地位——日常信息的来源和出口。互联网进程的第二阶段。它主要体现在信息的全网化，即网络内部的交互。如各种新闻的聚合等，今日头条、新浪等新媒体，就是互联网最大程度上互通有无的体现。

随着互联网技术、移动互联网技术、物联网技术的发展，网络中的节点数日益上升，网络内外的联络，不断地提升网络在经济发展和人类进步中的价值。这一时期，全球的新技术以高性能替代低性能为主，以智能化替代非智能化为主。而且这些替代不仅有产品，也有服务，尤其是互联网的发展对全球的影响较大。它改变了人们的生产、生活、社交等方式，它将虚拟世界进行合理的运用，逐渐将其演变成虚实为一体的线上线下相结合的“新世界”。互联网技术对电脑功能的开发带来了契机。例如，它可以让一个人足不出户与人沟通交流，也可以通过电脑获得一些个性化的需求，如学习、开网店、社交等。人们在网络上不仅可以寻找信息，而且可以进行线上线下的整合，节省资源，实现资源的合理配置，提高生产生活的效率，最终达到促进经济发展的目的。

例如，电商的发展、共享经济的诞生等都得益于移动互联网的影响。目前，在中国移动互联网中，产生了一种特别有趣的“他经济”，主要指的是我国的高消费男性所产生的经济效益。这些男性月消费能力在1000元以上，主要习惯于移动购物。由于我国的移动互联网网民月活跃度数量不断上升，以及他们的经济实力的增长和消费的升级，最终促进了“他经济”的活跃。由于现在是高速发展的社会，生活节奏十分快捷，移动互联网的技术革命带来了移动购物行业的快速前进。资料显示，“他经济”最大的赢家就是移动购物行业。2016 年 5 月—2018 年 4 月，男性移动购物用户在不断地增长，在 2018 年 4 月达到了 3. 7 亿的月活数量；同时，加入移动购物的男性的比例也在不断地提升，2016 年 5 月—2018 年 4 月增加了 6%。

2010 年至今，信息技术的发展推动着历史提高效率前进。这一时期主要是以 4 种具有代表性的高新技术为主。一是云计算；二是目前非常火的大数据；三是虚拟现实，这在未来的物联网会被广泛地运用；四是区块链技术。如 4G 技术的诞生与发展，它的网络延迟时间在 10ms 左右。它的诞生刺激着移动智能终端设备如智能手机的相关技术的提档升级，也促进了智能手机行业的快速发展。在 4G 技术的基础上，目前 5G 技术的发展为全球经济注入了新的动能。它可以实现信息的实时传递，虽然它相对 4G 技术的革新和变化不够大，但是它却以极强的实际应用能力在高新技术行业得到了广泛的关注。例如，在实体经济中的运用，无人驾驶技术，无延迟的网络 5G 对信息交互技术、智能驾驶的作用是巨大的。目前，新技术革命的新趋势和发展特征以工业化的再次兴起和信息化的广泛渗透为主。目前，无延迟传递、去中心化成为行业发展的新动能，它替代了有延迟传递、中心化的旧动能。

近年来，随着我国的智能手机行业的发展和使用人群的普及，以及移动互联网的发展和普及，再加之大数据、云计算等在人们生活中的运用，全球的互联网迎来了发展的新机遇：加速度裂变式的新一轮革命。所以，将来诞生的新技术，依然离不开计算机、互联网。这场革命以改变人们在社会生活中的各个方面为目的，它的使命是要使社会的许多方面都产生颠覆性的变化。在这场革命中，人类世界三个非常重要的概念被改变，一是空间轴，二是时间轴，三是思想维度。人们对“共享经济 2. 0”的期待正是源于这样的条件，在未来的生活中“连接”就是最根本的出路。它产生效率，也产生价值。连接一切是互联网价值得以提升的根本途径，也是其未来发展的方向和最高目标。

在这些理念和技术的推动下，万物互联将诞生。我们生活中的所有事物以及我们还没有想象到的事物，在未来都会被无缝连接。包括开的汽车，平时戴的眼镜、耳机、手环，家里的灯泡、家具、电器、窗帘、插座等都可以通过连接来达到智能化，而且它们之间可以实现互联。据行业数据推测，在十多年之后，我们的生活会因为互联变得更加智能，信息流通在这个时期也会提升速度。到那时，人和人之间合作的成本会大大降低，共享经济模式将成为生活中的主流。

由此可见，在这些新技术的作用下，人们的生活方式会得到巨大的改变，它会催生新的动能。如智能家电对普通家电的替代，它方便了人们的生活，随着这种新供给的产生，人们可以获得新的价值，需求得以改变。通过这种方式，在智能家电领域的新动能就能够不断地成长起来，逐步替代旧动能，生产出越来越多的高质量产品来提升消费的层次。这就实现了新旧动能转换。以物联网技术为例，在这个技术的推动下，相关行业必须要提升自身产品的技术含量来迎合物联网的发展。如电器，要让其接入物联网，必须要提升这类产品的科技含量，让其能够应用于物联网中。由此可见，物联网技术推动了与其相关产业的新技术的研发和创新。在这些创新力量的推动下才能产生新动能，并以这些新的技术动能来替代旧的技术动能，最终实现新旧动能的转换。

第三节　新旧动能转换是迈向全球价值链中高端的基本前提

在经济全球化加速、国际竞争日益激烈的环境下，中国要在世界经济中取得重要地位，就必须要迈向全球价值链的中高端。在开放的环境中，中国需要从内改变动能，以新旧动能的转换来促进自身不断发展，这样才能占领全球价值链的中高端。要把握全球价值链升级，就必须要把握好以下几个方面的内容。一是工艺升级或者过程升级；二是产品升级；三是功能升级；四是链条升级。

工艺（过程）升级属于价值链升级的第一阶段，也处于最低端。要想获得较高的竞争力，就必须要提升生产效率，即降低生产的成本、运输成本，以规模经济的效应来提升总体的竞争优势。要提升价值链某一环节的生产效率，就必须对工艺流程进行升级，以新的组织方式来提升工艺流程的科技含量，提升产出的效率。

产品升级是价值链升级的第二阶段，主要内容是在产品的研发上。只有通过研发新产品，才能不断地提升产品在市场上的占有率，获得品牌的价值；也只有不断地研发新品牌，才能用不同的产品和服务去赢得更多的消费者。研发还有一个重要的作用，就是可以改进现有产品的生产效率和质量等。

功能升级是价值链升级的第三阶段。这个阶段在价值链中占有重要作用。它基于产品本来的优势，着重关注优势环节和战略环节，将其进行优化组合。要实现从生产环节向更高的设计、营销环节发展，就必须要抓住价值链中产品的一些优势环节，最终才能提升设计和营销的利润，也就是附加值。这一环节集中体现了产业价值的治理权。在目前的跨国公司中，营销手段的高低往往决定了企业在一段时间内的营收成绩。一些高超的营销技巧不仅可以提升产品的销售收入，也可以为企业的品牌带来积极的影响。反之，一些低级的甚至对别的国家和民族带有歧视的营销案例，则会被众人所唾弃，对企业的品牌价值造成消极影响。

例如，2018 年 11 月，国际某知名品牌的设计师在用筷子吃披萨的宣传片中诋毁和蔑视中国文化，被我国的网友们和一些具有正义感的外国网友们公开讨伐。大家号召国人抵制该品牌。这个品牌的营销案例就是非常失败的，不仅对品牌短期的销售收入产生了消极影响，而且还对品牌之后的发展产生了不可估量的负面影响。由此可见，企业的营销附带着极大的附加值。如果这个附加值是正能量的、消费者喜爱的、乐于接受的，那么企业将获得巨大的附加值；反之，如果在营销中附加的是消极的、大家都非常抵制的，那么这样的营销就会产生巨大的消极影响。所以，营销的技术含量、成本都很高，同时它的价值也就更高。我国企业目前缺乏的正是营销的创新，所以企业在营销上的附加值得不到体现。

链条的升级是价值链升级的第四阶段。原有的价值链只有不断地向具有更高价值量的价值链发展，才能实现效率的增长。如果企业在最初的生产过程中就注重研发创新的力量，它就更容易实现产品、功能、链条等各个阶段的升级；同时，企业注重每一个阶段的企业实现过程、产品、功能、链条的升级，才能摆脱附属价值的束缚，实现主导价值。

发达国家的全球价值链治理模式为全球价值链的格局和布局奠定了基础，他们将主导企业在全球价值链上的某些功能进行转移，如不具战略性的功能。他们或者对自身的能力进行全方位的审视，找到自身必须要放弃的某些环节。美国一些重要的品牌制造商，就是习惯采用这样的模式来提升自身的生产效率。他们对于制造功能比较忽视，对某些设计功能也不是很看重，转而将这些不是核心位置的价值链转移给发展中国家的制造商。因此，发展中国家进入全球的价值链中，就被自然地锁定在低端。这些国家的产品没有高新技术，只具有低技术和低附加值，所以发展中国家要打破升级壁垒就比较难。

改革开改之后，我国的制造行业能够崛起，一方面，由于我国内部具有一些优势，如我国的政策优势、东部沿海地理位置的优势、人口红利的优势等；另一方面，在外部条件上归因于发达国家对低端价值链的转移所带来的结果。在欧盟、美国、日本等主要发达国家和地区的主导之下，我国承担了全球价值链的低端环节。我国一些著名的企业在对国外品牌的收购过程中，也只是对低端环节和低附加值环节的收购，在价值升级方面仍然没有达到理想的效果，并没有显著地提升企业在全球价值链的治理权力。例如，我国的联想对 IBM 的 PC 事业部的收购，虽然让企业走上了国际化合作的道路，但还是没有改变企业在价值链上所处的地位。这是因为目前我国要向全球价值链的中高端升级存在巨大的压力。要从低端价值链发展到高端价值链还需要一段比较长的时间，而在这个过程中，必须要以高新技术为支撑的新动能来替代旧动能。

我国被低端锁定的原因主要包括以下四个方面：首先，我国产业环节的能力与发达国家存在一定的差距；其次，我国获取和转移一些大规模的专用性沉淀资本的能力与发达国家还存在很大差距；再次，我国获取和转移居于世界前沿的知识技术的能力也落后于发达国家；最后，我国获取和转移产业配套的能力比发达国家更低。这四个方面表明我国企业的内部技术力量不够雄厚。没有自身的创新能力，也就没有足够的新动能去替代这些处于低端链的旧动能。所以，我国企业对路径的依赖程度很高，最终造成被锁定的结果。由于我国企业的贸易结构不合理，只是热衷于低端链接中的低价值投资，也只专注于专用性生产环节，从而使企业产生巨额沉没成本。

例如我国的传统服装行业，它们往往停留在低端链条的生产上。首先是山寨、同质化的设计，其次是打版，再通过试样，然后订货会招商，最后是向渠道压货。我国企业的“推销”全过程对市场的预估和把握不一定准确，这就会造成大量货品积压。这些货品由于卖不出去，成本就不能收回来。这就是企业在粗犷的生产和销售模式指导下所产生的沉没成本。要分摊这些成本，就必须要在产品成本的基础上提高5~10倍的价格，这样才能分摊那些库存产品的沉没成本。这是我国传统的鞋服产品生产企业的常态。

中国、巴西、印度等发展中国家的制造企业在产品设计和营销能力的提升上出现了很多问题，这就阻碍了中国、巴西、印度等发展中国家在全球中高端链条中取得不断升级的步伐。在产品研发、品牌、营销等中高端价值产链中，这些非生产活动对企业价值链的提升具有积极意义；但是，我国企业因为没有这三个方面的优势资源，在进入国际市场后，往往被那些西方发达国家拥有核心资源的企业所牵制。这也加大了发展中国家的企业要在国际市场上提升品牌影响力的难度。

我国民营企业海尔就居于全球价值链中高端的地位，核心技术研发与运用就是海尔的制胜法宝。截至2017年，海尔在全球获得的专利数量达到了3.4万项。其中属于发明的专利占到了61.8%，有2.1万项。同时，在全球白色家电品牌的评选中，海尔连续9年蝉联冠军。这不仅说明海尔的专利在量上达到了同行难以企及的高端，也说明海尔的专利在质上也是同行所不能比拟的。海尔的海外专利占到了9000多项，在25个国家和地区都有覆盖，布局非常广泛。这些技术的诞生都是源于海尔科学的理念：“世界就是我的研发部”。这是20世纪90年代海尔就已经明确的企业发展理念。正是在这样先进的企业理念的指导下，海尔才能在开放式的创新模式下进行研发。它与全球用户、创客、创新资源之间形成了零距离的交互，这样就实现了海尔的持续创新。2005 年以来，海尔开创性地运用“人单合一”的模式，为企业的科技创新注入了新动能。海尔以创新精神和创业精神作为企业的核心价值观，创新文化就是海尔的企业文化。“人单合一”就是激发企业每位员工的创新精神，让他们主动与市场进行对接，最终实现企业经济效益的增长。

由此可见，我国的企业要提升自身的创新能力，首先，必须要重视创新的作用，将创新作为企业发展理念的重要方面，以此来指导企业的设计、生产、营销等各个环节。这样才能从本质上做到以创新为企业的发展动力。其次，注重研发投入，以海尔开放性的研发模式及其成就，可以得知海尔在这方面的投入是巨大的。海尔的研发能力，最核心的还是源于研发人才。因为人才对研发能力的作用是不言而喻的。所以，企业要注重企业研发人才的培养，为企业创新提供充足的动力。基于以上两个方面的因素，海尔才能在全球价值链中居于最高端的地位。也就是说，企业要提升自身的新动能，就必须要注重创新，并采取措施不断地提升自身的研发能力，促进新旧动能的转换。

对于我国的企业来说，走向中高端价值链不仅可以突破我国国内资源环境的约束，也可以改变“两端挤压”的不利局面，还可以实现我国的企业从比较优势迈向竞争优势。虽然我国企业要进入中高价值链的路还很长，也会遇到很大的风险，但这也是我国企业要提升自身竞争力的唯一出路。因为我国企业在达到一定的水平之后，必须要走价值链升级的道路。这是经济发展的必然出路，也是企业的成长之路。从海尔公司由小变强的发展过程可知，只有通过创新提升我国企业价值链的等级，才能实现企业的再次转型升级，也才能促进我国新旧动能的转换。

第四节　新旧动能转换是新时代中国经济发展的根本出路

中华人民共和国成立以来，我国人民从战争中重获新生，这片大地有了新的活力，万物复苏生机萌动。加之地大物博，劳动力充沛，人们干劲十足，各行各业在党的带领下快速发展。与之相呼应，我国 GDP 有了显著提高，1978 年其增长率一度达到 12%。在改革开放春风的沐浴下，全局意义的战略转变更是加速了这一进程，1978—2011 年，GDP 的增长率普遍大于 8%，正逐日缩短与发达国家的差距，更是在 2008 年以后力压日本位居全球第二。在不断努力发展的今天，力求赶超美国成为世界第一。

新中国成立初期，GDP 的增长速率并不稳定，尤其 1980—1982 年、1988—1990 年，GDP 的增长速率尚不足 4%，并且与相继年份前后增幅落差较大。造成这一现象的主要原因是国家对内、对外的改革尚处在摸索阶段——对内进行的农村家庭联产承包责任制实属符合国情的首创，对外建立新的外交秩序更是要投入充沛的精力。这在物质生活和精神文化方面，无疑都是新的挑战。

在物质方面，首先要解决温饱问题，因此人口红利带来的 GDP 增收受到农业发展的极大影响；而农畜牧业的发展很多时候需依靠天气气候等不可控因素的影响，直到农业实现现代化、机械化改革，这一影响才逐渐减小。靠天吃饭的农民为经济大潮中的中坚力量，传统农业的发展规律是：风调雨顺的年份，则创收效益较多；反之则较少。针对这一现象，为了控制僧多粥少的困局，1982 年 9 月计划生育被定为基本国策，同年 12 月写入宪法，此举为全球历史上的创举。综上所述，面对农业产业结构不合理和劳动生产率低的状况，2012 年中共十八大提出“新四化”，之后习近平于 2013 年在十八届三中全会将全面深化改革总目标设定为“推进国家治理体系和治理能力现代化”。全面深化改革意味着除旧迎新，坚决剔除僵化陈旧的作业模式。

在精神文明方面，从最初的农耕文明到现在以互联网为代表的新媒体的诞生，人们获取知识的方式也发生了翻天覆地的变化。以往个人言论传播力度小，现在社会舆论可在短短几个小时内迅速发酵，这些变化都是随着智能时代的来临自然而然形成的。

经历改革开放 40 年的社会变迁与发展，我国已从最初的懵懂谨慎逐渐走向成熟，随之而来的是人口红利的后续乏力、社会竞争的日益残酷、土地资源的无节制浪费以及对不可再生资源的巨大消耗。从长远来看，这些对我国的 GDP 有着举足轻重的影响，如何修复这些顽固的旧疾，使社会各方面效能都平稳发展，是我国近年来思考最多的问题。同时，我国也是人口大国，亿万人民以土地为天，农业收入仍是国库最重要的来源；然而这项收入均摊到每个人身上，这一数字仍不理想。这也从侧面体现了我国的劳动力价值低廉，效率滞后，谋求新的节约型社会依然成为战略必要。

从《新中国六十年统计资料汇编》中的统计数据来看，GDP 的主要应从固定资产投资、社会消费品零售总额、出口总额等变量上宏观把控。对于固定资产的投资，应考虑其时间价值及折损率，对于那些处在社会淘汰边缘的设备以及老旧企业，应果断舍离，及时止损，避免更大的人员和财力的消耗；同时，与其他国家的纵向比较发现，近现代以来，以美国为首的发达国家工业革命迅速发展，科技革命带来新的劳动方式，这也必将影响到一个国家的国民生产总值。如何利用科技的进步带动劳动效率的提高，在提高的基础上又不会对环境造成伤害，这一问题也值得深思。新能源与科技的结合应运而生，应是不二之选。

新能源动能转换这一能效型概念的提出可追溯到 20 世纪 80 年代。1987 年由布伦特兰夫人担任主席的世界环发委员会提出可持续发展的概念，其中心思想是经济发展、保护资源和保护生态环境协调一致。它的提出是应时代的变迁、社会经济发展的需要而产生的，既要使人类的各种需要得到满足，个人得到充分发展，又要保护资源和生态环境，不对后代人的生存和发展构成威胁。它特别关注的是各种经济活动的生态合理性，强调对资源、环境有利的经济活动应给予鼓励，反之则应予以摈弃。同可持续发展一脉相承，在国家电力负重、电子产品不断累积的今天，对新旧能源转换的需要十分迫切。

从上述我国的产业结构发展变化可以看出，国家的整体结构形式应与所处时代的实际产业形式相吻合；而如今科技发展迅猛，人工智能以出人意料的形式影响人们的生活。近年来，电能是非化石能源利用转化的有效途径。非化石能源主要包括核能、水能、风能、太阳能。其中，核能、太阳能主要可转化为热能和电能；水能、风能主要被转化为机械能和电能。从具体能源形式来看，电能是非化石能源转化利用最为广泛和有效的方式；太阳能和清洁能源在全球范围内都得到大力推广，也是新能源的主要参与形式，为新旧动能转换奠定了物质基础。

同时，数字经济与共享经济也是当今人类新技术革命里的一个重要亮点。根据中国数字经济白皮书数据，2017 年，我国数字经济规模为 22.6 万亿元人民币，占 GDP 的 30%；而传统的经济发展动能在衰退，需要寻找、培育新动能，才能真正引领新常态。习近平总书记多次提到新常态的三个基本特点：速度换挡、结构升级、动能转换。

概括地讲，新旧动能转换是指培育新动能，改造旧动能。所谓旧动能，是指传统动能。例如，上述以劳动力为代表的低效率的生产方式，它不仅涉及高耗能、高污染的制造业，更宽泛地覆盖利用传统经营模式经营的第一、第二、第三产业。过去讲的“产业体系”，经济学界解释成一产+二产+三产，这已经流行了多年。而新动能是指新一轮科技革命和产业变革中形成的经济社会发展新动力，新技术、新产业、新业态、新模式等。总的来讲，新旧动能转换是指培育新动能、改造旧动能，故其核心意义为以崭新的结构形式替换掉旧的、不流动的、陈腐的、效率低下的生产模式。

“新旧动能”概念从2015年提出，到2016年内涵丰富，再到2017年“新旧动能转换”具体工作推进。国家对其的重视可见一斑，是我国在决胜全面建成小康社会、开启全面建设社会主义现代化国家新征程中走在前列的重要战略部署。“新旧动能”的战略部署，既是时代发展的机遇，也是一种挑战。而城乡区域的融合发展，新型城镇化、“两区一圈一带”战略的实行、基础设施的逐步完善，以及网络化、智能化水平的不断完善、强大的综合实力等，都为新动能转换提供了足够的韧劲与回旋余地，也为新动能的快速发展保驾护航。

同时，新的产业体系=实体经济+科技创新+现代金融+人力资本，这一认识的深刻转变为我国实现新旧动能转换打下了良好的理论基础。

2018年1月3日，获得国务院“国函1号文”正式批复的“山东省新旧动能转换重大工程实施规划：做优做强新能源装备，统筹海陆风电开发”便是这一战略的伟大实践。这是我国第一个以新旧动能转换为主题的区域发展战略，其重点发展大功率风机、海上风电机组、中高温高效太阳能集热、光伏系统集成装备产品等方面的关键模块，智能输变电设备、高压超高压成套设备、高速铁路变压器等智能电网及配套设备，提高本土化配套率。重点发展百万千瓦级及以上第三代、第四代核电装备研发制造，打造世界一流的核电装备产业群和核技术自主创新集成基地。

这一实践充分证明了国家在实现新旧动能转换上的决心。东风已起，蓄势待发，全球的效率化生产已经开始施行，不尽早实现新旧动能转换只会被动挨打，只有输入新的血液，国家才会蓬勃发展。

第三章

新旧动能转换的模式

第一节　新旧动能转换的过程、阶段及转换困境

从新旧动能转换的内涵出发，可以帮助我们了解它的整体过程，认识它的每个阶段，分析它的转换困境。无论是新动能还是旧动能，都包含两个重要的方面：技术效率和技术进步。通过对这两个维度进行评价，对新旧动能的转换具有积极意义。因为技术效率、技术进步二者的乘积关系到一个重要的问题——全要素生产率的评价。

我们可以通过图 3-1 来理解新旧动能转换的过程。以 O 为原点，以纵轴代表技术效率，以横轴代表技术进步。以 O（*old*）代表旧动能，N（*new*）代表新动能。O、N 均与纵轴——技术效率平行。假设在 a 时期时，旧动能的坐标点是 O_1，新动能的坐标是 N_1。横轴从左至右依次是 A_1、A_2、A_3、A_4，纵轴从下至上依次是 B_1、B_2、B_3、B_4。在 a 时期，由于旧动能在长期的发展过程中得益于“干中学”，有了较高的技术效率，假设这个技术水平是 B_2，但是由于旧动能的技术还处在较低的水平，在横轴上就处于

离轴心较近的 A_1 位置。相应地，新动能的技术水平比较高，它的横轴就处于离轴心较远的 A_3 位置，但是由于新动能在初期没有太多得益于“干中学”的积累，此时新动能的技术效率就比较低，假设处于离轴心比较近的 B_1 处。因此，矩形 $OA_1O_1B_2$ 就代表旧动能带来的全要素生产率水平，而矩形 $OA_3N_1B_1$ 就代表新动能带来的全要素生产率水平。在这两个矩形中，它们的面积的大小取决于旧动能技术效率的高低与新动能技术进步的程度。如果旧动能的技术效率处于极高的水平或者新动能的技术进步水平还没有达到非常明显的地步，那么，矩形 $OA_3N_1B_1$ 的面积就会小于 $OA_1O_1B_2$ 的面积。这就是新旧动能转换过程中所受到的最大的阻碍因素。

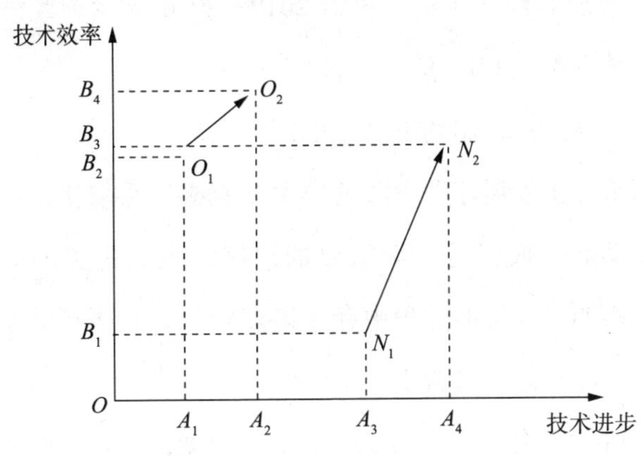

图 3–1　新旧动能转换的过程

同理，随着新动能在生产中不断地应用，技术效率的提升也在加快。假设在 b 时期，旧动能处于 O_2 处，此时的新动能处在离轴心更远的 N_2 处。旧动能的技术进步比较缓慢，技术效率改进的速度也在下降，所以，旧动能得到更多提升的可能性不大，只能形成一个较小的矩形。相反，新动能在技术进步上得到持续推进的动力，它移动的距离较长，在技术上突飞猛进，从而促进技术效率飞速提升。这时，$OA_4N_2B_3$ 具有一个非常大的面积，它代表 b 时期新动能所带来的全要素生产率。面对新动能的巨大效应，新旧动能的转换就显得比较通畅。根据这一点，我们可以推断，在新旧动能的转换过程中存在一个临界点。在跨过这个临界点之前，新旧动能的转换存在障碍，成本比较高。但是，当处于临界点时，新旧动能转换的成本较低，将为社会的发展带来积极的作用，也势必成为历史发展的必然。

但是，目前我国新旧动能转换的临界点还没有到来，新动能的技术进步还不明显，没有形成巨大的效应。我国经济体量总体在不断地变大，但是我国的经济增长速度却比较低。例如，现在经济增长1%所需要的产出就更多，可见难度比以前明显加大。2006年GDP每增长1%需要增加约2190亿元的名义产出，2016年则增加到约7441亿元。10年之间，需要增加的名义产出增加到约3.4倍。再以2010—2016年我国经济平均增速为例，这7年的数据都在6%~9%。由以上例子可知，我国经济增长的难度非常大。纵观全球经济，制约不稳定的因素比较多，我国作为一个发展中的大国，在面临经济发展速度下降的情况，就必须采取措施来应对这一问题，促进新旧动能转换就是一个重要的出路，也是历史的必然选择。但是，我国目前新旧动能转换过程中存在诸多障碍。我国还处在新动能的全要素生产率小于旧动能全要素生产率的阶段，这个阶段，我国的经济发展处于深层次矛盾中。主要表现在：经济结构失衡，供给侧结构性改革的效应还没发挥出来，投资效率降低；由于我国的人口老龄化问题越来越严重，劳动力成本攀升，人口红利削弱，传统产业的优势也在逐步下降；我国的很多行业或科技在世界上处于领先水平，但后发优势并不是十分明显；我国的环境承载能力也因为生态的破坏而不断下降，资源环境对经济的负面影响日益增强。由此可见，我国的新旧动能在转换过程中面临着各种问题，这些问题制约着全要素生产率，也制约着新旧动能转换的速度。

同样，我们通过图3-2来解答新旧动能转换的动态演进路线。以O为原点，假设横轴从左至右是A_1、A_2，纵轴由下至上是B_1、B_2。在新旧动能转换的过程中，因为旧动能带来的全要素生产率增长的速度越来越慢，反之，新动能带来的全要素生产率增长的速度越来越快。那么二者在演进过程中，当旧动能处于 O_3 点，新动能处于 N_3 点时，矩形 $OA_1O_3B_2$ 的面积与 $OA_2N_3B_1$ 的面积相等。由此可见，新旧动能所带来的全要素生产率也是相等的，这时旧动能就会向新动能转换。

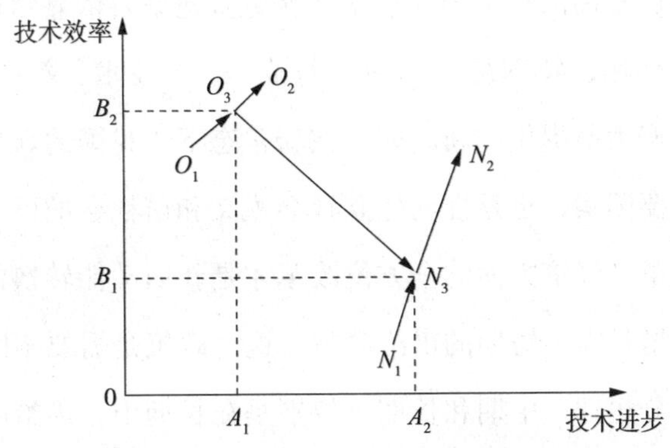

图 3-2　新旧动能转换的动态演进路线

所以在新旧动能转换的过程中，必然由 O_1 向 O_3 转变，再由 O_3 向 N_3 转变，最后由 N_3 向 N_2 转变。这就是新旧动能转换的动态过程。在 N_2O_3 区间，没有新旧动能的转换，主要是因为在这样个过程中可能存在逆向淘汰作用。主要原因是高技术效率所形成的技术壁垒。众所周知，柯达公司是摄影行业数码技术的领军者。数码技术是摄影行业的新动能，但是由于旧动能的技术效率非常高，也就是胶卷技术已经非常成熟、高效，而且这个旧动能具有十分可观的利润，因此，这个行业的逆向淘汰作用很明显，阻碍了新动能的发展。

所以要达到新旧动能的顺利转化要做到以下两点：

第一，在我国新旧动能转换过程中要坚持需求政策的短期效应和新动能的长期效应相结合的实施机制。避免经济发展过分依靠需求政策对经济结构的优化，过分注重经济短期增长的效果。在新常态下，必须要注重新动能对经济增长的长期推动作用。只有积极发掘新动能，实现我国经济发展中的新旧动能转换，才能克服旧动能对我国经济发展带来的负面影响，也就是旧动能的全生产要素率对我国经济所产生的内外部约束。要实现新旧动能转换，也就是要大大地提升我国新动能的技术水平，进而提升生产效率，最终形成较高的全生产要素率，就更多地需要依靠结构转化、改革深化所带来的作用，特别是“四新”行业——新技术、新产业、新业态、新模式等新生产力所提供的新动能。在新常态下，我国的新生产力是推动经济增长的重要因素，也是推动建立社会主义和谐社会的巨大动力。政府的综合配套改革、经济方面的全方位改革才是新旧动能转换的核心。在新常态下，经济增长需要短期的供给政策，这个政策是需要不断变化和调整的。供给政策分短期、中期和长期。特别是在长期中，供给政策对经济增长可以发挥一定的积极促进作用。长期和短期相结合的政策有利于新旧动能转换。

第二，在我国新旧动能转换过程中要坚持供给侧和需求侧相结合的实施机制。我国经济的发展中存在诸多问题，归根结底就是经济结构不合理造成的。而结构优化又与供给侧密切相关，通过技术、产品等供给侧的创新才能带来经济结构的优化。反之，没有供给侧的改革，就没有投资标的，没有消费目的，没有出口竞争力。首先，经济结构包括劳动力。例如，发达国家的劳动力素质较高，那么它的劳动力技术水平和生产效率就更高，随之而来的生产全要素率就上升，新动能就能在经济中形成比较强大的力量，新旧动能转换就很顺利。所以，我国的经济发展方式必须要以完善劳动力结构和优化机制为重要途径，以此来提高我国劳动力素质，促进经济发展方式得到根本转变。其次，经济结构包括资本结构，即物质资本、人力资本、知识资本三者的构成比例。资本在经济增长中处于基础地位，没有一定量的资本增长就不会有经济的持续增长。在新常态下，物质资本不再是我国经济发展的主要动力，取而代之的是人力资本和知识资本。此外，在经济新旧动能转换过程中，必须要注重优化投资主体结构和供给主体结构，主要是改变投资过程中过分依赖政府的情况，转而刺激更多的社会投资来带动经济的发展。再次，在我国新旧动能转换过程中要坚持技术结构动能转换实施机制。技术在新旧动能的发展中均处于重要的地位，尤其是在新动能的发展过程中推动作用和制约作用更加显著。必须要摒弃依靠投入传统生产要素促进经济增长的方式，转而依赖技术进步和技术创新促进经济增长的方式。

第二节　新旧动能转换四个层次的着力点

目前，我国的新旧动能转换势在必得，是历史发展的必然趋势，也是我国经济发展的重要出路。所以，要杜绝新旧动能转换停留在报告和口头上，让这样的转换在我国的实际经济生产中产生应有的效应，以此来推动我国新时期经济的长远健康发展。在我国的经济社会发展实践中，要真真切切地落实新旧动能转换的工作，就必须对它的动能作用的主体进行明确。这不仅包含经济发展层面，也涉及整个社会系统。新旧动能转换有四个着力点：要素、企业、产业、社会。

一、新旧动能转换以要素为基础

第一，要素层面的新旧动能转换是经济新旧动能转换的广泛基础。物和人都是社会经济发展的重要要素，在过去以物为主，要实现新旧动能转换，要以人为主。旧动能中的有形要素占重要地位，在新旧动能转换的过程中，无形要素上升到重要地位。要素层面的转换，就是新旧动能转换的广泛基础。例如，从物向人转换具有积极意义。因为对人的因素的重视可以实现从劳动力向人力资本的转变。人力资本包含众多要素，即知识、技术、专利、信息等。而新动能的形成对这些要素的依赖是很明显的。再如，实现从有形到无形的转变也对新旧动能转换具有促进作用。在新的时代背景中，由于新一轮技术、信息等的变革，土地、资本、劳动在经济发展中的作用就大大地降低了，随之而来的是知识、信息、数据等无形要素所具备的重要的作用。

第二，要素层面的新旧动能转换需要实现从要素驱动向创新驱动的转变。要建立一个创新性的国家，构建一个集约型社会，提高全要素生产率是必经之路。因此，要素层面的新旧动能转换将会是一个长期的过程，要面临长期的转变。在这个过程中，要素对我国经济增长的决定作用在不断地下降，相应地，技术、管理、组织等其他因素的作用在不断地提升，这些因素所具有的全要素生产率的提升会给经济的增长带来相应的促进作用。

第三，要素层面的新旧动能转换还与新兴要素、传统要素之间的关系处理有重要联系。如果能正确地处理好新兴要素和传统要素之间的互利共生关系，那么经济发展中的新旧动能转换就能得到更好的发展。要牢固地把握住创新驱动所带来的契机，有效地发挥创新要素在新旧动能转换中的重要作用，要从多方面形成创新资源的汇集，以内部培养与外部引进相结合的方式来形成创新要素的全面发展的良好局面。在我国经济新旧动能转换的过程中必须要实现外延式数量增长到内涵式质量型发展的转变，而发挥好创新要素就是一个最直接的引擎作用。但是，我们也要意识到在要素层面的新旧动能转换必须要将传统的生产要素与“先进”的生产要素相结合，不能完全摒弃传统的生产要素，新旧动能转换也需要在传统的生产要素上得以发展，而不仅仅是依靠“先进”的生产要素。如果只抓这些先进的要素，那些传统的要素就会被忽视，生产要素的转变就会进入误区。创新要素是新旧动能转换过程中非常重要的方面，但它还是离不开传统要素的作用。要素有自身的结构，在新的环境下，这个结构会发生变化，它的组成要素各自所占的比例会改变，但是它的组成要素却不会消失。传统的要素是基础，就像一座高楼必须要有基石，没有基石就没有高楼的拔地而起。例如，人才方面，在我国的城市建设中，需要各种各样的人才来为其服务，如果只重视高层次人才的引进，完全驱逐那些相对普通的人才，那么，人才结构就显得很不科学。因为，高层次人才的发展也需要普通人才给予其服务，他们二者之间是相互服务、相互促进的。由此可见，创新要素必须要以传统要素的存在为基础，前者不可能脱离后者而独立存在；同时，创新要素还对传统要素的生存和发展产生积极作用。因此，创新要素的提升可以促进传统要素利用率的提升。所以，在目前我国的经济发展中，要对我国丰富的劳动力、资本、自然资源、人力资本、基础设施等进行有效的、充分的利用。这就需要顺应市场经济的发展，依靠市场规律来调节资源，形成资源的合理、优化配置。只有避免了生产要素的不合理配置，才能充分发挥各要素之间的耦合性，才能避免要素的低配置和无效配置的产生，才能提高传统资源的利用效率，促进其效率的发挥，达到创新要素与传统要素的互利共生。

二、新旧动能转换应以企业为根本

1. 民营企业的新旧动能转换以补短板为主

民营企业在社会生产要素中具有重要意义，它构成了社会生产要素的组织者、决策者，它的新旧动能转换主要体现在企业的更新迭代和发展壮大的过程中。据统计，截至2017年末，我国的民营经济的总体数量已经达到了2500万家，注册资本总量超过150万亿元。我国民营企业经过改革开放已经得到了空前的发展，取得了很多成果。但是，在我国民营企业的发展过程中还存在很多不足之处，并因此产生来了很多的问题。例如，我国的民营企业进入退出的速度很快，民营企业的生命周期很短，它们很难长时间存活。因此我国的民营企业要形成新动能发展所需要的知识积累、技术积累等创新要素就比较困难，他们也就不具备形成自身的品牌影响力。而且我国的民营企业主要以外延式发展为主，只是注重短期的经营绩效，当大的经济环境出现周期性波动时，企业的抗风险能力就大大减弱。所以，在我国的经济发展中，要加快我国市场的机制体制创新，促进民营企业稳步发展。主要是在关系国计民生的行业中，要消除其进入壁垒，还要消除关系国计民生的行业的区域分割现象，这样才能保证民营企业获得平等的地位。这样就可以确保民营企业在市场进入、要素获取、税收政策、奖补体系中得到公平、公正的对待；同时，要在社会中发扬“实业兴邦”的精神，营造积极向上的社会文化氛围，以此来激励更多的民营企业在新旧动能转换的过程中发挥自身的创新创业能力。

2. 高新技术企业的新旧动能转换以扩大规模为主

在我国的初创高新技术企业中，我们的政策是“扶一把送一程”，我国采取了各种措施来减免税收、补助企业，也为企业提供了相关的配套服务，如设施齐全、服务完善的“孵化器”，从内外两个方面来为这些初创高新技术企业提供支持。要激发我国高新技术的创造活力，就必须不断地形成适合其发展的土壤。在高速发展的高新技术企业中，必须要对其执行具有优惠力度的政策体系，而且这个政策体系会随着企业的发展而得到不断的改变和调整，最大限度地为企业的发展带来积极作用。同时，对于那些小微企业，也必须要做好保护工作，加大保护的力度，不断提升小微企业的总体数量，提升他们所创造的产能的总和。此外，高新技术产业对第一、第二、第三产业的发展也具有积极的作用，可以促进三个产业的融合发展，打破传统的产业分割。新产业生态系统的思维模式可以扩大高新技术企业在新旧动能转换过程中的业务范围乃至发展空间。而且在这个过程中，可以诞生一批新的组织形态：在这个生态中平台型核心企业与上下游企业群落共生，这样就可以构建新型互利共生的企业群落关系。

3. 国有企业的新旧动能转换以提质增效为主

首先，国有企业要退出竞争性、非关键领域，但这个过程是循序渐进的。经过改革开放 40 年的变化，目前我国很少有从事竞争性领域的国有企业；同时，国有企业在具有竞争性领域的投资是比较失败的，而且还降低了民营企业资源获取的能力，所以在市场中有效的资源没有得到很好的运用，经济成效较差。其次，国有企业在关键领域的经济稳定器的作用是不可忽视的，但是民营资本对其的促进作用也是非常明显的。

4. “三高”企业的新旧动能转换以分类治理为主

“三高”企业的治理必须要有创新驱动来实现。要将“三高”企业对环境的影响纳入社会绩效考核的范围，使外部性成为企业发展必须要首先考虑的问题。对于那些污染持续超标、对环境造成严重损害的企业，必须在限期整改之后做好定期的评估工作，同时还要完善一些传统的、低效能的高污染企业的退出机制。

5. 僵尸企业的新旧动能转换以有效清理为主

我国的很多僵尸企业都是因为依靠贷款或者政府的资助来保住其命脉。但这样的企业是不产生效益的，反而会成为社会的拖累。所以政府需要对这些企业进行统计、识别，找到解决问题的方法。例如，促进其转换经营业态、并购重组、破产清算等，将僵尸企业对社会的负面影响降到最低。

三、新旧动能的转换应该以产能为核心

首先，新旧动能转换对产业发展体系的构建起到了引领作用。新动能中科学的产业发展理念是：平台核心型企业和围绕该企业的关联性企业组成的新产业生态系统中的各个主体是平台间的竞争、平台内的协作共生关系。所以在国家的重点、关键领域以这样的理念作为指导，才能实现颠覆性、创新性的改革。

其次，新旧动能转换带来的产业方面的积极作用主要体现在它们的“加、减、乘、除”上。例如在战略性新兴产业、技术密集型产业领域，适用“加法”，主要是要壮大这些企业的规模，促进技术革新的培育力度的提升，以此来培育我国经济发展的新亮点和新的增长极。重化型产业则适用“减法”，减的是它们对环境的负面效益，不断建立和完善其长期发展机制和退出机制。传统优势产业适用“乘法”，我国的“互联网+”战略就是其中之一，只有建立起适合其发展的技术手段、管理理念、经营业态等，才能让我国的传统优势产业取得“老树发新芽”的良好局面。这离不开我国中低端制造业的传统优势。资源型企业则适用“除法”，以投入为分子，以产出为分母，只有不断地增加分母的产业产值，才能提高我国资源型企业的高效发展，走内涵式发展之路。

四、新旧动能转换应以社会为根本

新旧动能转换首先在思想上必须具有改造意识，其次要破除保守意识。这就需要在社会上营造出创新的氛围，让人们树立革新创造的意识，

以稳步推进的方式去实施改革。尤其是要正确地对待改革中的失败，树立正确的人生观和价值观，在社会上营造良好的改革之风。

此外，推动新旧动能转换还需要一定的社会基础，即政府的新战略和新思想，如“双创”的号召、乡村振兴战略等。因此，要不断地深化动能转换的体制机制创新，为动能转换带来契机，以激发全社会的创新热情。

第四章

新旧动能转换中存在的问题

第一节　旧动能弱化和新动能尚未形成并存

随着我国经济进入新的发展时期，劳动人口、资本和资源这三个推动经济增长的传统要素的动能在逐渐转弱。主要原因是我国的人口结构发生了一定程度的变化，产能过剩的情况比较突出，资源环境随着经济的发展，承载压力也在不断地提升。因此，我国工业发展中的传统动能减弱的压力在逐步上升。尤其是我国的传统工业，面临着产能过剩的巨大压力，最显著的是重化工业方面，其发展速度在逐步放缓，产业转型升级的问题迫在眉睫，但是由于传统工业自身一些劣势和各种外部因素的影响而阻碍了转型升级的步伐。因此，我国工业旧动能的弱化给全国经济下行增加了一定的压力。

2017 年，吉林、辽宁、黑龙江三省规模以上的工业增加值同比增长的速度远低于全国的平均水平（6.6%），分别为 5.5%、4.4%、2.7%。造成这样的局面主要是因为这些地区的旧动能弱化的趋势加强，新动能还没有形成。从我国工业的产业布局可以看出，东北地区、山西、河北等传统的老工业基地因为主要是一些旧动能企业占主导地位，与我国东部沿海的新兴工业地区有很大的差异。以辽宁与东南沿海部分省份的国有资产布局为例，详情见表 4-1。

表 4-1 辽宁与东南沿海部分省份国有资产布局情况

省份	产业布局详情
辽宁	钢铁、煤炭、有色金属、传统制造业、普通装备等
上海	建筑、房地产、电力设备、汽车、商贸零售行业等
江苏	先进制造业、食品饮料、新能源、基础设施、媒体融合、金融等
山东	先进制造、现代服务业、新兴产业
广东	建筑、信息技术、新能源、基础设施、金融等

据资料显示，2017 年，东北地区、山西、河北等传统的老工业基地的有色金属冶炼和压延加工业，因为原材料的价格上涨，这两个行业的增加值增幅超过了全国平均水平，其他五个行业增加值增幅均低于平均水平。从产能过剩角度来分析，目前的东北地区、山西、河北等传统的老工业基地的产能利用率比较低，出现了较大部分产能或设备闲置的情形。其中，2015 年吉林省的粗钢产能利用率仅为 70%左右，该省的产能过剩已经从 2010 年的区域性、结构性过剩发展到绝对过剩的程度。辽宁省的工业产能利用率为 75%，与国际的标准对比，仍然是显著过剩的情况。黑龙江的哈尔滨市是全省工业生产的重要基地，其中的西林钢铁集团阿城钢铁有限公司曾经为全国的钢材生产做出过重大贡献，是全国最大的矿用钢材生产企业，在 2014 年宣告破产。这直接导致 2015 年全市生铁、钢材产量的萎缩，降幅分别达到了 92. 5%和 92. 2%，生铁产能利用率仅为 22%。与此同时，2015 年，全市水泥产能利用率仅为 52. 8%。据资料显示，东北地区、山西、河北等传统的老工业基地的支柱产业：装备制造业、石油和冶金三大产业都存在产能过剩的情况。其中的六大高耗能产业中只有化学原料和化

学制造品制造业不存在产能过剩的情况，黑色金属冶炼和压延加工业、有色金属冶炼和压延加工业、非金属矿物制品业产能都明显过剩。电力、炼焦和核燃料加工业、石油加工业、热力生产和供应业等都存在轻度过剩。

由此可见，东北地区、山西、河北等传统的老工业基地的产能过剩问题已经处于绝对过剩的局面，旧动能弱化的局面比较严重，直接阻碍了该地区及全国工业的产业转型升级的步伐，进而阻碍了我国工业的健康良性发展。面对这样的形势，我国对新动能的渴望就更加迫切。但是，旧动能的弱化，将对新旧动能的转换带来负面影响，新动能的形成还需要一段比较长的时间。

目前，我国的新动能尚未形成，从宏观经济方面分析主要原因有以下几个方面。

首先，我国的城镇化发展、产业结构升级、东部产业向中西部转移等方面还处在一个相对较低的发展阶段。我国是幅员辽阔、人口众多，但是城乡经济发展不协调，工业结构不够合理及东西部发展不平衡，要解决城镇化、产业结构升级、东西部产业的协调发展等问题，需要一个漫长的阶段。到目前为止，以上三个方面的结构变动对全国经济增长的作用还比较有限，我国在这三个方面所取得的成果还不足以形成新动能从而推动中国经济的发展。其次，全面深化改革对经济的刺激也还未见良好的成效，因为这些改革带来的一系列制度还有一个逐步建立和推行的过程，这个过程涉及很多问题，因此它的成效十分缓慢。再则，我国的技术创新对经济增长的推动作用也还未达到理想状态。综合以上三大内容可知，新动能的增强由于结构变动、改革、创新三大要素本身所依赖的一些基础条件而受到影响，因为这些要素都存在高度复杂性、不完全可控性等特点。因此，新动能的释放在前期是比较缓慢的，也不会是平稳的，在形态上更可能以脉冲式的波浪推升为主。

同时，我国经济新动能的形成速度缓慢还与一些人为因素有关。虽然中央和国家号召改革，但是，我国某些地方和领域的领导者的思想观念并没有得到改变，或者转变不到位，新旧动能转换流于形式。出现了新旧动能转换只是停留在会议、文件和口号上的局面。在国家积极倡导和推行的工业“转型升级”的指引下，新旧动能转换的执行工作仍存在很多的问题。

一些地方和领域在体制机制上或多或少都存在问题，例如，体制落后、机制不顺、改革措施不深入、没有切实可行的举措、开放不到位等。在“融合”的过程中，有的地方和领域存在城乡区域发展不平衡、新兴产业发展不充分等突出问题；同时，破除旧动能和培育新动能，仍然离不开一个重要的话题：政府和企业之间的关系处理。只有政企分开，二者各司其职，才能各自承担自身的责任和义务。但是，目前我国的各行各业仍然存在政府干预企业发展的问题，这就严重干预了企业在内部决策上的制定工作，直接影响了企业的运转甚至是企业的效益，阻碍了企业的正常发展之路，这也对新旧动能的转换起到了消极的作用。

再如，企业转型升级也会带来其内部的一些变革，如果管理不当，就不可避免地出现诸多问题。其中比较突出的问题有 4 种：一是债务处理；二是人员安置；三是资产重组；四是地方经济指标下行给企业带来巨大压力。这些问题在任何企业的新动能转换过程中都存在，转换速度越快，其问题就越突出，都需要采取适当的措施去克服。可见，加快企业的动能转换，必然会出现企业、个人的牺牲和放弃。这些问题就是比较复杂和棘手的，它关系着国计民生，处理不当就会对构建和谐社会的蓝图产生负面影响。因此，对这些问题的处理，必须要有完备的方案来指导，在执行中也必须要落实到位，工作人员要善于对一些突发问题进行处理，这些工作完成的速度和质量牵制着改革的步伐。

面对我国经济增长的新动能还没有成长起来的局面，我们应该保持积极的心态，必须认识到新旧动能的转换是一个需要长期坚持的任务，它是我国经济发展的必经之路；同时，它也是一个渐进的过程，只有循序渐进地转换，才能促进我国经济的长远健康发展。所以，我国目前的经济增长存在一个比较重大的问题：新旧动能之间交替所产生的不平衡现象，短期内新动能的增长速度、强度和力度都还不够，新动能形成所带来的结果不能完全抵消传统动能减弱带来的影响。面对这一形势，我们首先应该坚定信心，增强自身的定力，对未来充满信心，要认识到我国目前经济虽然存在问题，但我国的总体经济仍处于合理区间。对于一个时期内的短期波动现象，不必太在意，更不用过于担心甚至是惊慌失措，这是新旧动能交替的必然现象。与此同时，我们只有高举改革的大旗，深化改革力度，彻底地对需要改革的行业进行再创造，以此来实现我国产业结构的升级和经济增长方式的转变。只有这样才能建立新动能，并持续地增强新动能所爆发的力量，才能真正地将中国经济的发展推向更高的水准，让我国的经济能够进入世界经济发展的中高端水平行列。

因此，在新旧动能转化之际，我们必须要在思想上坚定信心，还要找到我国工业发展中存在的弊病，从企业的内外因素对这些问题进行分析，找到病症，对症下药，最终解决这些问题。

第二节　国有企业引领作用不足，产业布局有待优化

我国经济进入新常态以来，在经济结构调整的过程中，我国传统老工业基地的国有企业作为我国工业经济发展的领导力量，并没有在新旧动能的转换中发挥出自身的优势，没有起到领导和示范作用。在供给侧结构性

改革的过程中，我国的一些传统工业地区因为产能过剩和产业结构单一，不但没有对改革起到积极作用，反而更加依赖全国的工业经济结构调整所带来的利好。从宏观上分析，我国传统老工业地区的国有企业的产业布局不合理。主要包括煤炭、钢铁、有色、普通装备等传统旧动能产业，而代表新动能产业的新兴产业比重很低。所以，我国的传统老工业地区的国有企业在生物医药、新能源、新材料、信息技术等方面的发展是滞后的。因为这样的产业布局，导致在新旧动能交换中出现了比较大的经济下行压力。

从国有企业改革中存在的问题分析，主要是改革的力度较小，改革的程度远远不能适应经济发展的要求。我国在现阶段已经形成了比较完善的国有企业改革制度，如企业改革的组织领导体系、指导性文件等。但是在执行这些制度的过程中，国有企业还存在很多深层次的问题，必须得到及时的解决。

在国有企业的公司制股份制的改革过程中，需要对内外部因素进行综合处理和改革，需要在体制上有新的突破。企业的外部环境就是市场环境和国家相关制度环境二者的总和，企业的内部改革就是公司的治理问题，主要是治理结构和预算的约束制度等。

从企业外部来看，目前我国的市场经济体系还不完善，市场经济中的市场价格形成机制的改革步伐还比较缓慢。我国的政府放开价格管制，使市场具备价格形成机制，这个过程还需要一定的时间。鉴于此，我国的经济体制在根本上得到转型的路还比较漫长。由于我国的经济体制没有在根本上得到转型，那么要深化国有企业的改革，就是一条艰难的道路。因为，在外部环境的驱使下，国有企业很难成为真正的市场主体，这就拖慢了国有企业公司制股份制的改革步伐。

同时，国有资产管理体制与政企分开的问题也是制约国有企业发展的外部因素。首先，我国在这方面的制度化、法制化管理的力度还不够。例如，经常出现一些涉及部门利益关系的矛盾冲突问题、一些部门缺位和越位问题、一些部门既立法又执法的问题、委托代理对象与国有企业之间的代理关系的处理问题、国有企业领导人素质和工作作风较差等问题。这些问题都阻碍了我国国有企业迈向现代化的公司制股份制企业的发展之路。

我国传统老工业地区的国有企业的改革不到位，直接导致了很多种国企病的蔓延。其中一个就是央地融合程度不够的问题。中央企业在传统老工业地区较为集中，而且有较广的产业布局，对当地的经济发展、社会发展的作用巨大。但是，这些中央企业与当地地方经济的融合还存在一些问题，如融合度较低、协同创新程度不够、联动发展不紧密等问题。所以这些央企在该地区的下属二三级子公司的发展就存在问题，其中比较突出的就是改革不到位的问题，也就是政企分开的老问题没有得到解决。它的重要原因源于：中央企业与地方民企合作中存在极大的阻碍因素，即中央企业在管理权限方面受到制约。俗话说，“强龙压不过地头蛇。”由于我国国有企业的改革还没有达到理想的程度，很多地方企业仍然在干预当地国有企业的管理，中央企业对它们下属公司的管理权就受到很多的限制，地方与中央的矛盾颇多。没有一个良性的管理和监督的机制，就不能为新动能的形成提供足够的动力。

其次，供热、供水、排水、交通等公共服务行业的部分国有企业还存在企事不分的现象，市场化程度很低。

从国有企业的内部来看，首先，股权结构和公司治理结构阻碍了国有企业的改革。如公司制、股份制的建设之路还处在较缓慢的发展阶段，现代企业制度的改革还缺乏广度、深度和力度。在国有企业的改制过程中，要明确各类股东的持股比例、合理调配公司的股权结构，这样才能对公司的治理结构的作用机制、公司的业绩等产生积极的作用。因为我国国有企业的股权结构不合理，就导致了“内部人控制”、非控股股东的权益得不到保护的问题的出现。这同时也导致了“政企不分”“政资不分”的问题向我国国有企业内部延伸，这就是通常所说的“国企病”。同时，因为内部结构的不合理，也直接影响到国企的决策者、监督者、管理者等不能各就各位，造成了企业的监督、管理、发展等方面的问题。比如，国有企业的腐败、企业内部摩擦不断、企业的经营业绩低下等一系列的问题，严重阻碍了企业的正常发展。

其次，集中在内部管理者身上的一些问题。目前国际上通用的“硬预算约束”对企业、企业管理者的约束具有巨大的意义。它通过对企业的剩余索取权和剩余控制权的安排进行合理的调配，使二者之间形成匹配的关系。这就可以在最大化地实现企业效益的同时，也提升国有企业高管的积极性，杜绝个人腐败问题的产生。由此可见，“硬预算约束”能给企业的管理者带来经营压力，迫使其主动遵循各种法律法规和制度，使企业的管理者在竞争中实现优胜劣汰，为企业内部的规范管理起到了积极作用。

从目前我国传统老工业地区的国有企业竞争力来看，其对新动能的产生起不到应有的作用。我国的传统老工业地区国有企业的竞争力还比较低下，主要表现在表面庞大，实际则不强。这些地区的国有企业没有形成能够走出国门的优势，也不具备与世界级企业形成竞争的实力，在国际上的合作步伐也比较缓慢。与之相反的是，我国东部沿海地区的国有企业在这些方面的成果逐日提升。所以，这些传统工业基地的国有企业与我国东部沿海的发达地区的国有企业之间的差距在逐步变大。随之而来的问题就是，东部地区与这些地区的国有企业之间的布局调整是一个比较漫长的问题，它会附带很多问题，对新动能的形成产生了巨大的制约作用。由此可见，提升我国国有企业的竞争力才是加大新动能形成的重要途径之一，也是最根本的途径。

从改革之后所带来的弊端方面来分析，我国传统老工业基地的国有企业的社会包袱很重，国有企业主辅分离的任务很艰巨，而且辅业改制的任务也很棘手。国有企业改革带来的一系列问题还需要相关的配套政策去应对和解决，但是这些配套政策都处于不完善的阶段，需要在实际工作中不断地调整。例如，人人关心的企业办社会分离的问题，既关系到我国人口老龄化的企业离退休人员的社会化管理问题，也关系到再就业的重组改制企业人员分流安置的问题，以及一些企业历史遗留问题处理等方面，这些都需要合理的机制和制度作为指导原则。而且在这些制度和规章的指引下，由于各地的情况不一样，管理者、管理对象的素质不一样，在实际工作中会出现很多突发问题。面对这些问题，就必须要对这些机制和制度进行调整，采取切实可行的措施，这就需要一个比较长的时期。这也是制约新动能成长的原因之一。

综上所述，因为我国的国有企业存在多方面的问题，在当前的形势下，还不具备支持新动能的足够力量。因此，只有对国企进行深度改革才能对我国工业发展中新动能的形成产生积极作用。

第三节　民营经济活力不足，扶持力度不够

民营经济在我国的市场经济中的作用是巨大的，没有民营经济的贡献，就不能建立具有中国特色的社会主义市场经济。在新的形势下，在“大众创业，万众创新”的号召下，没有民营经济的巨大贡献，也不会有新动能的良性发展，也就不能形成我国新一轮经济的全面振兴和发展。在我国传统的老工业地区的民营经济中，由于它们的发展一直受到多方面的制约，在这些民营经济中存在多方面的问题。可以从内部条件和外部条件

两个方面来分析。

从外部条件来看，在我国改革开放的号召和中国特色的市场经济的发展过程中，民营经济迎来了春天。私营企业、个体工商户快速成长起来。党中央对民营经济采取了积极的政策和措施鼓励，支持和引导其不断成长壮大，主要体现在对民营企业发展过程中所面临的体制障碍的改革。但是，我国目前的营商环境还不够理想，受到“大政府，小市场”的制约，政府对民营企业的扶持力度不够。这就直接导致了这些地区的民营经济不受重视。主要表现在：政府的权力过大，管理的范围过广。因为这些问题的存在，民营企业处于比较混乱的管理秩序之中，这个秩序不是按照市场的价值规律形成的，而是政府依照自身的权力来人为设置的。相反，必须要形成“小政府，大市场”的营商秩序，才能为民营企业带来公平的竞争环境，这样才能提升民营企业的竞争力和市场地位，提升民营经济的活力。

从内部条件分析，我国传统的老工业地区民营经济的综合实力较差。在这些地区的民营经济的体量还是比较大的，投资比重较高。但是，在整体发展实力方面、规模方面还不足。从我国民营经济500强的分布来看，广东、浙江、江苏、山东等沿海发达省份管辖范围内的民营经济500强企业数量远远超出这些老工业地区的省份所具有的民企500强的数量。2016年，辽宁排在民企500强的民营企业仅有7家，而浙江达到了134家，最低的山东也达到了46家。从这里可以看出，民营企业中具有竞争实力的企业在我国的分布是非常不均匀的。这些企业主要集中在东部沿海省份，而我国传统的老工业地区则分布较少。通俗地说，在我国的传统工业地区，民营企业在数量上虽然达到了一定的水平，但是在质量上却不够理想。在这些地区民营企业的综合实力是比较差的，其经济效益、竞争力、发展模式、规模等都处于比较低的水平。因此在这些企业中，就缺乏新动能产生的基础。集中表现在这些企业主要是致力于传统的、低端的行业，规模也比较小。

民营企业的内部问题主要表现在以下几个方面：

一是公司治理结构不健全。一个企业要实现可持续发展，就必须建立现代企业制度，只有这样才能保证其健康快速地发展。我国的企业发展起步较晚，因此，很多企业都不具备科学规范的公司治理结构和管理制度。不少民营企业没有按照《公司法》的要求，建立起相应的公司治理结构。据统计显示，民营企业 500 强中绝大部分企业都建立了现代企业制度，达到了96%以上。但综观我国的民营企业，特别是那些规模比较小的民营企业，它们仍未建立现代企业制度，因此它们的公司治理结构并不健全，主要表现在家族式治理模式和运行靠亲情的机制。民营企业的典型组织架构是围绕企业创始人来形成的。以其为核心治理结构，就势必造成家族成员蜂拥而入，他们都在企业中处于重要的管理地位。家族式治理模式会让企业的所有权、经营权、决策权、执行权、监督权等多项重要的权力均由家族内部成员控制，缺乏科学的监督、控制、反馈、制约等机制，这也往往是导致民营企业战略决策失误的重大原因；同时，企业运行大多靠亲情，许多民营企业“人治”色彩浓厚，人情凌驾于制度之上，就谈不上科学有效地治理公司，易造成经济损失，最终导致内部交易成本上升。

二是市场竞争力不强。我国民营企业大多数长期依靠低成本、低层次模仿和低层次加工来发展自身，产品技术含量低。这样的企业更谈不上创新，因此，缺乏核心竞争力。从主观上讲，受传统观念和经营环境的影响，我国的民营企业经营者在思想上是消极的，他们对自主创新的认识不足，不能意识到它的重要性和必要性。从客观条件上分析，摆在我们面前的事实就是：我国民营企业本身实力有限，缺乏研发创新的资金、人才、技术、设备等物质条件。以上两个方面的原因导致民营企业研发投入不足，这就对企业的技术改进和创新产生了消极影响，对企业的核心竞争力产生了负面作用，制约了我国民营企业的健康、快速、可持续发展。

三是部分企业公众形象较差。在我国的民营企业中，不乏一些对自身的品牌建设、文化宣传和社会责任都比较重视的企业。随着社会的进步，我国的民营企业在公众中的形象整体也在不断地提升。但是，由于我国的民营企业体量庞大，行业众多，各个企业的具体情况良莠不齐，所以它们在利益的驱使下，有的企业就没有了责任意识。它们对于社会责任、劳动法等关注比较少，这就造成它们在公众中的形象不断地受损。

例如，在环境保护方面，民营企业的重视程度很低，投入也很少。特别是传统的工业，如玻璃、钢材、水泥等行业。这些行业的污染是很严重的，但是因为民营企业不作为，造成公众不满。在诚信方面，民营企业经营困难，企业跑路时有发生。据调查资料显示，2016 年前 10 个月，仅温州、杭州两地就有 40 多万家企业登上失信“黑名单”。从全国范围来讲，2015—2016 年，新增的失信“黑名单”企业达到 3000 多万家。所以，我国的民营企业存在的诚信问题是很突出的。在员工权益保护方面，由于目前的劳动监察制度还处在发展阶段，这些民营企业无视劳动法，员工权益保护存在很多问题。突出表现在用工不规范、工人的劳动强度大、企业拖欠工资、企业拒缴“五险一金”等方面。在消费者权益方面，由于一些民营企业对利益的极致追逐，导致了产品质量、产品宣传、医疗安全等方面的负面事件的发生，极大地侵害了消费者权益，甚至让消费者付出生命代价。

四是可持续发展能力差。因为民营企业的公司经营管理理念落后、公司治理结构不健全、研发投入不足、不重视创新、人才储备不足且流动性大、运作方式不规范等，使民营企业不具备迎接行业竞争的实力，在市场经济中没有抗风险的能力，没有可持续发展的能力。我国很多民营企业的寿命较短，“富不过三代”就是一个比较通俗的说法，它好像是一个魔咒，在这些企业不断上演。

我国民营企业的寿命很短，据资料显示，它们的平均寿命只有2.9年。以北京中关村“电子一条街”为例，在5000家企业中，只有430家能够生存超过5年，占比仅为8.6%。浙江省是我国民营企业发展得比较好的省份，但是，这里的民营企业的寿命依然很短，它们的平均寿命为3.44年，与国外的民营企业相比差距很大。国外民营企业的平均寿命为12.5年，而且在这些外国的民营企业中还不乏百年的老企业。由此可见，我国的民营企业的可持续发展能力是比较差的。

五是产业低端化现象突出。我国的民营企业中不乏世界知名企业，如华为、美的、格兰仕等。但这只是极少的一部分，我国90%以上的民营企业的实力是比较弱的，它们都是中小企业甚至微型企业。绝大多数民营企业都具有以下特点：在产业链中处于低端，没有关键核心技术，没有自主品牌，没有高额的产品附加值，不具备绿色节能优势，不具备高效益，竞争力弱等。所以，我国的民营企业要成长壮大，还有一段漫长、曲折的路要走。

因此，要提升我国民营企业的发展水平，就要对我国的民营企业进行改革。引导其由生产型企业向生产服务型企业发展；从一般型企业向科技型企业发展；从低端产品生产向高端产品生产发展；从小微企业向行业龙头领军企业发展。只有这样才能促进我国民营经济的健康发展，为新旧动能的转换提供支持。

第四节　缺乏与新旧动能转换相匹配的金融体系

从我国的金融服务体系来看，在传统老工业地区，主要以传统间接融资为主，直接融资的金融服务的发展还比较滞后。以 2016 年这些地区的社会融资新增数据为例。辽宁省的社会融资新增数据为 4693 亿元，同比少增 1501 亿元，同比减少 24. 2%。陕西省的社会融资新增数据为 3516 亿元，吉林省新增数据为 2790 亿元，与辽宁省相比都存在一定差距；同时，全国排名靠前的省份或者直辖市的数据与辽宁省的数据差距巨大。其中，广东省的社会融资规模增量为 21155 亿元，约为吉林省的 7. 6 倍，排名第一位。排名第二位的江苏省，社会融资规模增量为 16758 亿元。排名第三位的北京市社会融资规模增量也达到了 13446 亿元。可见，在我国的传统老工业地区，直接融资发展是比较落后的，与我国的工业发达地区相比还存在巨大的差距。

从融资结构来分析，在我国的传统老工业地区，2016 年本外币贷款的新增量在社会融资新增量中超过八成，而股票、债券等的直接融资总量仅占 11%~15%。这与全国的平均水平 27%相比也有非常大的差距，与广东省的数据相比差距更大。该省 2016 年全年股票、债券等的直接融资新增总量约 6000 亿元，是全年社会融资新增量的三成。从以上数据可知，我国传统老工业地区的融资结构是不合理的，也远远落后于我国的发达工业地区。落后的金融结构势必会对该地区工业的发展带来消极影响。

从金融业的综合服务的角度分析，在我国的传统老工业地区，以银行为代表的金融机构对装备制造、冶金、石化等传统产业的支持力度还很低。这些地区的银行，没有紧跟市场形势的变化来调整自身的服务内容。

它们没有给传统行业提供更加个性化、综合化的金融解决方案，没有以综合化的思维来解决客户多元化、多层系和个性化的需求。在装备制造、冶金、石化等传统企业中，它们需要的是更大的信贷力度、更多的信贷投放。但是面对经济下行、行业产能过剩、企业经营举步维艰的局面，很多银行对这些传统行业的信贷支持在逐渐减少，甚至是断贷；同时，这些地区的金融机构也没有通过有效的途径来降低企业的负债水平。例如，通过市场化债转股方式，达到降低企业负债的目的，以此来支持企业的长期发展。所以，在这些传统的企业中，来自外部的金融机构的支持力度很小，在自身力量不足的情况下，经济效益日益下滑，传统动能下行的趋势在逐渐增强。

同时，我国传统老工业地区的金融机构对该地区的新兴工业的支持力度也很小。因为这些企业的发展还比较缓慢，盈利前景难以量化，在不断的调整中会出现错误和风险，其中包括技术层面的，也包括市场层面的。所以，在这样的情形下，金融资本与产业资本的融合较低，二者之间的渗透程度也较低。主要表现在以下几个方面。

以银行为代表的金融机构服务新兴产业的定位不明确。一是规模和增速的目标定位不明确。主要表现在对新兴产业的业务目标认识不明确，对相关政策没有细化落实，没有完整的贷前、贷中和贷后的制度体系等问题。二是对新兴产业的服务没有做到全面化、专业化和多样化。金融机构没有围绕新兴产业的价值链去开展工作。这些企业需要的是符合自身特点的产品和服务，需要一套完备的服务体系，才能为其新动能的发展提供全方位的需求。例如，金融机构在对这些企业提供支持的过程中，并没有通过价格、品牌、设计、定制化、客户体验、风险控制等全面的、综合的和多样化的内容来为企业解决难题，只是停留在传统的信贷业务上。

以银行为代表的金融机构服务新兴产业的业务系统不明确。一是没有传递价值主张的客户关系网络。要提升这些新兴产业的客户体验，就必须要提升客户关系。但是在我国的传统老工业地区，一方面，这些银行的人才结构还不适应建立新兴的渠道通路组合。来自智能制造、新材料、生物技术、信息技术、高端装备、节能环保等非经济专业的高学历、高层次的营销人才还比较匮乏。因此，不具备专业知识的营销人员与客户接触之后的专业化就比较差，良好的客户关系难以建立，直接影响客户体验。另一方面，在这些地区的金融机构中，它们没有对新兴行业的客户群体进行细分，不能深入了解客户特征，不了解他们的深层次需求，沟通就显得更加困难，交易成本也就大大上升。二是没有构建一个价值共享的完整网络，金融机构与政府、大中型战略客户、研究机构（科研院所、行业协会）、投资机构（VC/PE）等之间形成业务合作的模式。因此，这些地区的金融机构不能整合这些合作单位的优势，发挥各自的角色作用，形成战略联盟。最终，这些金融机构也就不能建立起更加优化的商业模式，也不能利用规模经济的效应，更不能很好地降低风险和不确定性来为新兴企业服务。

以银行为代表的金融机构没有建立起服务新兴产业的关键资源能力。一方面，我国的传统老工业地区的金融机构没有明确的核心人才战略。首先，要提升核心人才的领导力。其次，要引进专业化、精益化能力的复合型人才。但是，在这些地区的金融机构，目前这类人才还比较缺乏。另一方面，这些地区的金融机构的综合化服务能力较差。首先，体现在专业化的研究能力方面。例如，没有大量的专业人才，也没有形成专业的专家委员会，人才培训体系不健全。其次，没有专业化的金融服务机构或者团队。由于没有专业化人才储备，也就不能形成专业化的团队和机构。即使有专业的人才储备，团队和机构的建设也有一段比较长的时间，在此过程中要经过不断的调整，从而建立更加优质的团队和机构。因此，在现阶段我国的传统老工业地区，银行在这方面的建设还比较落后。再次，没有构建起适合新兴产业的金融产品体系。例如，在这些中小型企业中，他们在发展初期需要一系列的金融服务，如供应链融资、担保贷款、信用保险融资、知识产权质押贷款等。最后，没有构建起适合新兴产业特定的风险管理体系。例如，在新兴产业中，他们需要的是差异化信贷政策来适应其不同阶段的发展，只有这样才能保证其在发展中的风险得以降低。但是由于这些金融机构的风险管理体系的滞后，导致这些企业的融资风险上升。

智能制造、新材料、生物技术、信息技术、高端装备、节能环保等代表了新动能的企业不能从以银行为代表的金融机构中获得专业化的服务，因此它们的成长之路就比较困难。

此外，银行以外的金融机构在我国的传统老工业地区的发展还相对缓慢。要满足新动能的发展所需要的资金缺口是很难的。直接融资体系对新动能的发展具有积极的意义，在这些新兴行业中，他们不仅需要有传统的融资模式和渠道，也需要有别于传统的融资，有利于激发中小型新兴企业的内在活力。没有资金的支持，新动能的发展之路就比较缓慢。例如，在这些地区直接融资体系的发展速度明显滞后。天使投资、私募基金、股本基金、风险资本等风险投资在我国的一线城市和发达地区的发展速度十分迅猛，但是由于我国传统工业地区的直接融资支持力度低、体系不完善、发展滞后，直接导致了新兴行业缺乏足够的资金支持。缺少直接融资机构的支持，这些地区的新动能的发展就更加艰难。

我国的金融体系随着我国经济的发展和综合国力的提升在不断地向更加完备的程度发展。但是，在我国的金融机构中，金融体系的完备程度由于区域性、地域性的不同而呈现出不同的情形。在我国的发达地区，金融体系的完备程度比较高；而在我国的传统老工业地区，金融体系的完备程度比较低。这些地区的不平衡发展，直接导致了我国金融体系的发展水平还处在比较低级的阶段，它不能为我国旧动能的改革带来更多的积极作用，也不能给新动能的发展提供足够的动力支持，不能有效地提升新旧动能的转换速度。

第五节　缺乏与新旧动能转换相匹配的创新链体系与创新机制

在我国的传统老工业地区，创新链体系与创新机制的建设还比较滞后，主要表现在以下三个方面。

第一，创新平台建设体系不够完善。

一是科技创新服务平台的建设缺乏科学的统筹规划。例如，我国在创新服务中的顶层设计、人才计划、科研设计、创新环境、信息安全、科研评价等方面的内容还没有得到细化和具体落实。创新不只是科学家的事情，科技创新关系到经济发展、社会发展、国计民生和国家安全等方面，不是科学家在“象牙塔”里就能完成的，而是需要形成一个科技创新的生态系统。它需要一个统一的、整体的规划和统筹布局，这样才能实现资源的共享。

二是公共技术服务平台的缺乏，没有足够的技术去支持科技创新，也没有完整的链条来支持科技创业孵化，这就造成了科技创新生态系统的不完善。科技创新中的产业链、创新链和资金链这三个重要的链条没有形成一个融合的整体。例如，企业从种子期、初创期、成长期到成熟期，都必须有相应的服务，这个服务链条不能断。创新链的完整建立在各种公共技术服务平台的基础上。但是，目前我国的公共技术服务平台的布局不够合理，功能尚未完善，体系也不健全，共享效率很低。究其主要原因，是因为目前我国的传统工业地区在这方面的投入较少，缺乏与之相匹配的资金投入。

所以，在目前我国的传统工业地区由于资金缺乏，这些创新平台的科技基础设施、仪器设备、科学基础条件等得不到满足，创新平台建设体系还没有健全起来，没有合理的规划，所以科技创新活动还没有共享的基础公共平台。

第二，企业研发机构的规模不够强大。在我国企业的建设和发展中，没有强大的研发机构做中坚力量，就很难提升企业的自主创新能力。这些企业普遍不明确建设研发机构的重要性。2018 年华为的研发投入为 1015 亿元人民币，因为对科技研发比较看重，华为在当年的全球业务收入为 7212 亿元，同比增长了 19.5%。据资料显示，2016 年我国的研发经费投入总量已经达到了 1.57 万亿元，仅次于美国，居全球第二。2017 年我国企业研发投入的总经费为 13733 亿元，比 2016 年增长了 13.1%，实现了连续 2 年的两位数增长。2017 年，随着我国在新产品开发上的经费投入的增加，全年新产品销售收入也相对增加，达到了 79042 亿元，比上年增长 11%。2017 年新产品销售收入超过百亿元的企业数量也增加了不少，达到 156 家，比 2016 年增加 16 家。在这些企业中，近一半企业的新产品销售收入为企业创收做出了巨大的贡献，占主营业务收入的六成。这些数据足以证明研发对企业的重要性：它是企业发展的持续动力，也是第一动力。

虽然近年来我国在研发经费上的投入在持续增长，但是由于我国企业的总量较大，与之相对应的我国企业研发的平均水平就与发达国家有很大的差距。只有极少数企业在研发投入领域具有世界领先的地位，如华为、美的、阿里巴巴等。我国企业的研发投入水平呈现出参差不齐的状态，由此可见，我国大多数企业对研发的重视程度很低。企业新产品开发停滞不前，成效较小，研发产出能力没有得到有效的提升，不具备创新实力。这就造成这些企业不是以产品品质取胜，那么这样的企业也就不具备竞争力。

企业研发缺乏科学严格的管理体系和较高的管理水平，在硬件设施的投入方面也不足，不具备足够数量和一定质量的研发人才，技术力量比较薄弱，高水平研发成果也比较少。企业的创新主要是受到三个方面的制约：一是管理体系，二是资金，三是人才。这三者之间又有必然的联系，资金和人才对管理体系的形成起到了基础的作用，管理体系又对人才具有约束作用，能最大限度地利用资金和人才为企业的研发服务。但是，在我国的很多企业中，这三个因素都是比较缺乏的。

研发管理体系包括研发管理的核心思想、研发管理的框架等内容。具备完善的研发管理体系才能对产品的研发起到积极的作用。首先，要基于市场进行开发，要有准确的市场定位，但是在我国很多企业对市场的需求和分析还不到位，因此不具备研发能力。其次，跨部门、跨系统的协同工作。由于我国的很多企业在资金和人才上的储备不足，也就导致了团队协助的缺乏。国际上比较流行的研发管理的核心思想，我国很多企业并不具备。例如，异步开发模式也就是并行工程，它可以将后续的科研活动提前进行，以此缩短产品诞生周期；公用构建模块开发流程将结构化和非结构化进行了统一，能够提高产品开发的效率。这些新兴的研发管理的核心思想在我国的许多企业中是很缺乏的。

综上所述，要搭建一个企业的研发管理平台需要多方面的支持。但是由于我国的很多企业还不具备多方面的研发资源，因此他们在研发上的成果比较少，也就不能形成新动能的驱动力。

第三，创新人才队伍的创新效率不高。随着我国综合国力的提升，各地的科研院所逐步发展起来，我国绝大多数地区的科研实力是比较强的。但是，与科研实力相比，我国一些地区的科研成果的转化方面却比较落后。在我国的传统老工业地区科研成果的转化率很低，创新链出现了梗塞现象，主要是存在重视科研而不重视试验的现象。这就造成创新链条的中间环节很弱，没有形成一条完整的创新链，即基础研究—应用研究—中试—商品化—产业化的完整链条。造成这样的局面主要是因为重大的关键技术的投入滞后。在中试环节中，必须有一些重大技术的支持，如果没有这些技术的投入就不能继续创新试验的下一个环节。但是由于我国传统工业地区的新兴产业资金比较缺乏，以及对创新研发投入的不重视，最终导致大量的科研成果被搁置，它们无法投入企业、产业中，也就不能为创新做出贡献。

创新人才队伍的创新效率不高，原因主要有以下几个方面：

其一，多年来，我国的科研所技术人员队伍建设还没有达到很高的水平，人才梯度、知识结构等的布局还不合理，不能满足目前我国企业在科研开发方面的需求，专家型人才、科研大项目的领军式技术人物短缺，分析和性能检测方面的人才也比较少，甚至出现断层现象。其二，企业与院校、研究所的联系合作不够紧密，没有完备的科研院校成果转化的有效机制，缺少平台的介入，科研成果的转化链条尚未建立，渠道也不畅通。其三，适应科研所发展的科研新体制还需完善，科研项目的规范化管理仍需加强。其四，科研人员处于一个信息闭塞的环境中，对外的技术交流不够，没有建立通畅的信息渠道。企业与高校、研究所等研究机构的互动性较差，这就造成了科研人员对国内外研发现状的动态关注缺乏及时性、准确性。由于各种原因，科研人员产品开发的主动性还比较低，市场服务意识不强，并且他们对新开发产品的使用情况没有给予及时的关注，也了解较少；同时，销售人员的研发知识缺乏，不了解技术，他们反馈的信息含金量比较低，在这些信息中，科研人员往往不能做出正确的决策。其五，主要生产工艺、技术装备比较落后。没有硬件设施做支撑，即使再有能力的科研人才也不能将企业的科研项目向前推进，更不可能取得良好的科研成就。

综上所述，我国企业处于转型升级的初级发展阶段，企业在研发创新方面的资金、技术、人才、机制等方面还处在初级发展阶段。我国的创新机制还比较落后，新动能的发展离开创新体系也是没有活力的。虽然我国采取了一系列的积极措施来促进企业的创新能力的提升，但是在这些企业中，有一部分企业能够走在前列，而大部分企业到目前为止还没有进入研发创新的行业。要让我国企业的整体创新能力得到提升，就必须加大研发的投入力度，并全面建立起适合我国企业发展的创新机制，最终促进新动能的形成和发展。

第五章

我国新旧动能转换的目标定位和原则导向

第一节　我国新旧动能转换的目标定位

新旧动能转换为我国的可持续发展添砖加瓦，为了更好地贯彻党的十九大精神，加快我国小康社会的建设，应该坚决落实新旧动能转换。如何更好地加快和推进新旧动能转换这个大工程，从而全面提升发展的速度，对此我们应该做好规划。

我国的新旧动能转换在供给侧结构性改革导向下的发展是需要建立一个现代化的经济体系，要不断地推进和提高国家在治理上的能力，这对于实现国家的长治久安是最有力的保障。那么，我们该如何从局限于完善市场经济的单纯经济范畴转换到由国家来进行治理的现代化的新平台。应从以前重视的需求治理转向注重供给管理，从长期以来“短、平、快”的经济总量刺激到现在更加重视结构优化体系的经济发展质量与效率的问题，从以前需要投资驱动和一定的要素驱动才可以进行的粗放化模式转换成创新驱动的精细化模式，从长时间依靠权利进行主导的改革路线转变成重视依法治理、规则治理的途径，重视市场资源的配置与政府优化服务相配合，也更加重视能力的提升和产业价值，更好地挖掘创新精神，从而降低交易成本，达到一个整体协调、结构合理、有机联动的现代化动能体系，这样可以不断促进新旧动能的转换，实现可持续性的健康发展。

一、新旧动能转换是大趋势

目前，我国的经济增长方式也逐渐向高质量阶段发展，加快新旧动能转换，既是新时代推动我国经济发展的必然选择，也是顺利实现我国经济发展阶段转变的关键因素。

1. 转向高质量的发展阶段，新旧动能转换是客观需要

改革开放以来，我国在经济建设方面的成就越来越卓越，我国现在的GDP 规模已经跃居世界第二位，而制造产业的价值已经位居世界第一，可以看到中国的发展越来越稳健，我们也把工业建设和产品放在了第一位，但是这也对经济的发展产生了一定的影响，导致我国的经济发展质量相对落后，所以我国明确提出经济建设的重要策略，而新旧动能的转换就是实施计划的第一步。从我国的经济演变的过程来看，旧动能在规模和经济方面发挥了巨大的作用，而现在处于新时代，如果还按照之前的旧动能，很难担负起提高经济发展质量的重任，所以我们必须要加快新旧动能之间的转换，尽快研制出符合高质量要求的新动能来满足经济发展需求，这是促进我国经济可持续性发展和全面建设小康社会的重要环节和手段。

2. 践行供给侧结构性改革的关键在于推动新旧能源的转换

我国目前的经济结构发生了偏移，导致结构失去了均衡性，这也是我国经济发展较缓慢的原因之一，所以有必要从供给侧结构性方面来进行改革，从而能够更好地实现供求平衡。近年来，我国把“三去一降一补”作

为推进供给侧结构性改革的重点任务来执行，最终目标就是不断推动经济增长，从而促进新旧动能的快速转换。从供给侧来讲，新动能不仅局限于新的产业、新的产品、新的材料、新的能源，还存在于一些传统的产业中。对于传统的产业也要用发展的眼光来看待，随着科技的不断发展，传统企业也会有自己的更新与改变，自然也会不断地进行优化和升级。目前，供给侧结构性改革把重心放在“破”“立”“降”上，要废除无效供给，也要将培育新动能作为首要任务，提高有效供给和整体的质量，这也是推进供给侧结构性改革的重要策略。

3. 新经济发展是实现新能源的前提

新能源作为一个国家的重要体现，不能一直不变，是需要创新和改革的，而经济的发展对新能源的研制有重要意义。目前，我国的云计算、物联网、大数据、移动互联网等新一代信息技术发展迅猛，成长速度也很快，新业态新模式的不断出现，为加快我国新经济、促进人民群众消费升级做出了有力保障，也是我国经济增长的有力支撑。

4. 构建现代产业体系是推动新旧能源转换的必经之路

党的十九大报告明确提出要在建设实体经济、科技创新、现代金融、人力资源管理等方面加大力度，使我国的经济更好地发展，从而加快新旧动能的转换。从产业视角来看，新旧动能的转换过程主要体现在我国新兴产业的诞生，逐渐代替以前的传统工业。我国通过新旧动能的转换，不仅要对钢铁、能源、纺织等传统产业进行改革，也需要加强网络产业、数字产业、分享经济等新兴产业的建设，目的就是加快建设实体经济、科技的创新、人力资源等有相同发展方向的产业，从而更好地推进新产业的蓬勃发展，同时，也为经济结构顺利转型提供更好的技术支持。

二、新旧动能转换应重视的三个方面

在新的时代背景下，新旧动能的转换也有很多困难，这是一个很严峻的问题。为了更好地解决这些问题，我们需要坚持新发展的理念，也要增加主动意识和紧迫感，立足于“深化改革、重视规划、改善调控”三个重要方面，只要解决了这三个方面的问题，新旧动能转换的步伐就会以更快、更稳的速度进行。下面对这三个方面进行详细的探讨。

1. 改革到位可以为新旧动能的转换提供良好的制度基础

一个新能源的产生是需要一定时间发展和缓冲的，不可能有了这个想法就可以马上实现，更何况新能源的开发是一个国家的重点项目，所以在这方面也会投入更多的精力，那么该如何保障新能源的开发质量呢？改革、创新就是保障新旧动能转换的重要动力。因为我国现在如果不重视改革创新，就没有前进的方向。清朝时期闭关锁国，不接受新事物，导致最后的落后，这个道理用到现在也是讲得通的。所以一定要进行改革，在方向、方法、技术等多个方面都要积极与现代科技相结合，对于之前的技术也要学会取长补短。例如，我国的劳动力是世界上数量最多的，同时也拥有大规模的科技和专业技术能力的队伍，这可以说是有巨大的发展潜能，所以在经济新旧动能转换中，如果进度不到位，就说明改革进度不能跟上研制速度，那就说明改革对于新能源的发展会产生重要的影响。同时，我们也要树立正确的改革观，不要投机取巧，要踏踏实实地去做，认真践行实践是检验真理的唯一标准，这也是我国政治思想的重要体现，让实践成为完善新旧动能转换的动力，这也可以保障改革过程中不出现纰漏、短板等问题，同时也为新旧动能转换提供更好的环境。

2. 规划到位可以为新旧动能转换提供更好的发展方向

为什么要进行规划呢？“无规矩不成方圆”，一件事情想要办得圆满，计划是必不可少的，更何况是这样一项大的工程，规划更是必不可少的。我们在新旧动能的设计与分项规划上都需要相互结合，同时加强规划的细节管理，建立一个完善、完整的体系，对各个环节之间的衔接做到心中有数，体现规划的系统性。在规划的同时也要着重新旧动能转换的薄弱环节，利用宏观引导，把我国的资源配置重心转向新旧动能转换。我们需要对这个重大项目进行规划和管理，不仅可以重点支持我国传统产业的优化和升级，还可以加快现代服务业的进步速度，让我国逐渐向高端发展，成为世界顶尖级的造业集群。

3. 调控到位可以为新旧动能转换提供更好的资源保障

调控是新旧动能转换的一个重要方面，也就是指导到位是重要的资源保障。运用大数据、云计算等现代化技术手段，对体系改革起到促进作用，也要加强定向调控、相机调控、精准调控，这对于新旧动能转换进入正常轨道起到监督指导作用，也能够让我国新资源的发展稳步前行。

最后希望我国的新能源以更快、更稳的速度发展下去。

第二节　我国新旧动能转换的原则导向

新旧动能的转换顺应了我国新动能新经济的发展趋势，为了更好地建设中国特色社会主义国家，加快新能源的建设，我国新旧能源的转换问题不能忽视。与此同时，对我国新旧动能转换的原理更应该深入了解。

一、市场化与法制化原则

在供给侧结构性改革的大背景下，我国新旧能源转换也应不断创新，有所突破。应该摒弃惯性依赖行政命令和行政经济的“指令经济”模式，把市场作为我国新旧动能转化的导向，并且把法制作为新旧动能转化的重要保障，建立健全以市场和法制为基础的动能转化机制。新动能是指以知识、技术、信息、数据等新生产要素为支撑，聚焦新技术、新产业、新业态、新模式“四新”，推进产业智慧化、智慧产业化、跨界融合化、品牌高端化“四化”，由此汇聚形成的经济发展新动能。在旧动能的优化清理上，应坚决摒弃以行政任务、人为拆解份额为方式的行政化模式，以完善市场化环境、促进公平竞争和强化审慎监管为重心。通过法制规则下的市场机制实现落后动能的淘汰和生产要素资源的有效流动，削减行政扭曲和效率损失。加快实现以新技术为基础，以新市场为主体支撑，以新产业、新业态和新模式为表现形式的经济业态，主要包括分享经济、信息经济、生物经济、绿色经济、创意经济和智能制造经济等。新旧动能转化的中心任务是“四新”“四化”，即通过新技术、新产业、新业态、新模式，实现产业智慧化、智慧产业化、跨界融合化、品牌高端化。新技术是一种能够直接或间接产业化的技术，这种技术可替代、可推广、可产生经济效益。我国新旧动能的转化要坚守市场化、法制化原则。在市场化方面，以市场为主导，把市场作为新旧动能转化的一个重要标准。与此同时，我国新旧动能的转化也离不开法制化，法制是新旧动能转化的核心，没有法制就没有了制约，新旧动能的转化就会变得无序。所以要做好法制服务保障，加强组织领导，统一全体人民的思想，提高认识。市法制办紧密围绕市委、市政府有关新旧动能转换重大总体工作部署，有效推进各项工作落到实处。出台实施意见，加快实施新旧动能转换重大工程，是一项重大战略部署，事关一个市经济发挥大局。抓好任务落实，严格监管，制定工作推进方案，细化工作任务，明确责任分工，并跟踪抓好督导落实。加强行政复议和仲裁工作，使市场化和法制化原则更好地实现。我国新旧动能的转化也离不开市场化和法制化两项原则的正确指导，从而进一步提高我国新旧动能在行政方面的水平。在新动能的培育上应摒弃政府和部门的过度干预模式，将重心放在完善公共物品、优化公共服务和规避公共风险上。所以应当格外重视我国新旧动能市场化和法治化原则。

二、系统化和结构化原理

1. 牢固树立创新、协调、绿色、开放、共享的系统化发展理念

在当今这个大的时代背景下，我国新旧动能转化应该秉承系统化和结构化的原理，不断进步，实现我国新旧动能转化质的飞跃。以系统化、结构化为指引，兼顾国内外新旧动能的发展，既要注重国内经济与国际经济的结构性对接和突破，又要注重国内供需结构的深度调整，着重促进供给侧结构性产能优化。在结构优化调整和发展动能转换的关键时期，各地区、各部门都面临着众多的难题和挑战。为此，更要牢固树立创新、协调、绿色、开放、共享的发展理念，立足生态涵养区功能定位，坚持稳中求进的工作总基调，全力推动供给侧结构性改革，扎实推进区域各项工作，使全区经济社会运行总体平稳、稳中向好。通过“一带一路”发展战略，实现“引进来”与“走出去”双重发力，培育拉动市场的“三驾马车”，培育需求新动能。做到全力以赴，以认认真真的工作态度和一丝不苟的工作精神迎接挑战，从实际出发，具体问题具体分析，实现新旧动能转化水平的提高。一是稳住存量。实行“一企一策”，大力推动产业自主创新和自主品牌高端化延伸，加快转型升级，焕发新活力。二是做强新兴产业。加大品牌培育力度，提高科技创新能力，加快发展新能源、新材料、智能制造等产业。三是强化龙头支撑作用。引进一批能够引领未来发展的大项目入驻，全力扶持优势企业做大做强，构筑起产业，带动我国新

旧动能的发展。

2. 促进供给侧结构性产能优化

在国家治理的现代化领域中，通过强化理论的创新、科技的创新以及制度的创新与文化的创新，塑造新旧动能“四位一体”的创新支撑体系。将新旧动能的施力中心放在我国新旧动能的系统化和原则化上，不断地突破和创新。从结构化的分析方法来看，促进供给侧结构性优化也需要合理的结构作为基础。合理的结构是指系统内各个组成要素之间相互联系、相互作用的框架。结构化开发方法提出了一组提高软件结构合理性的准则，例如，分解与抽象、模块独立性、信息隐蔽等准则，从而更好地实现供给侧结构性改革。

三、公平性和差异性原则

1. 坚持“一视同仁”的公平性原则和“区别对待”的差异性原则

我国新旧动能转化的规则与政策供给，应坚持“一视同仁”的公平性原则和“区别对待”的差异性原则相结合，实现“同等情况同等对待”的规则公平与“不同情况不同对待”的政策公平的系统联动。在我国新旧动能的转化过程中，兼顾“一视同仁”的公平性原则和“区别对待”的差异性原则，并且保持足够的耐心，要有不服输的精神，从多方面思考，有全局意识，更好地实现我国新旧动能稳健发展。开展新旧发展动能接续转换的工作，在传统产业升级、新旧动能可持续转化的关键时期，我国原有动能减弱，新动能发展缓慢，必须加快发展新经济，推动新技术、新业态加快成长，营造新旧动能转化的新环境，运用信息网络等现代科技，延长产业链、增加附加值，将产业链、原材料供应链和新动能价值链紧密结合起来，培育壮大新动能，造福社会，为全国新旧动能可持续性发展提供动力支撑。开展停产半停产，为企业创造更好的环境。与此同时，对各级领导和各级部门要加强管理，与企业制度相结合，深入企业发展，实现问题的协调解决，促进企业良性运转。在这个过程中，要突出对关键行业和重点企业的分析和帮扶，帮助企业尽快复产达产。深入了解企业所面临的关键问题，开展企业创新驱动增加新动能。加快创新企业技术中心，完成申报工作；高度重视重点企业对高新技术的应用，支持节能环保新工艺、新方法，推进节能减排制度的实施；加强自动化和信息化技术集成创新能力，更好地实现平等化。以现有优势资源、企业为基础，推选成长性好、有发展潜力的企业，通过引进合作伙伴，开展并购重组，在生产要素保障、项目扶持、融资协调、服务、资金等方面给予重点倾斜，走“专精特新”发展之路，做到小而优、小企业专精特新发展之路，做到小而精、小而强，成为一个行业中的“巨头”，培育一批规模以上企业，更好地实现公平化。开展工业投资项目竣工增加新动力，建立“策划一批、洽谈一批、签约一批、开工一批、投放一批”五个一批，间接促进我国工业投资项目的发展。从多方面考虑，完善各个方面的制度，扩大工业经济总量。

2. 从项目前期出发围绕优势特色资源进行产业发展

项目之间是有差异的，我们要做的就是减少差异，从原有技术的升级、相关产业链的延长、相关食品的类型，以及资源的利用等多方面缩小差异。通过招商引资促进新动能的发展，与此同时，积极主动参与新动能的研发活动，不断创新。开展招商引资可以更快地促进新动能的发展，建立自己的特色能源，围绕优势特色能源进行产业发展。找到产业发展中的重点，提高质量和水平。工业项目招商难，投资后劲不足。在经济下滑的压力下，国内的经济结构应该进行合理的调整，使经济得以良好运行，经济速度有所增加，也要兼顾各小型企业。尤其是小微企业在发展过程中遇到的问题，根据相关法律法规进行解决，落实工业项目。从我国大多数已签约的招商项目看：一是绝大多数项目唯一，多为产业类投资项目；二是产业投资项目少。原因是多方面的，效率低下，难以形成经济增长点，支撑力量不足。需要发挥资源配置的决定性作用，避免区别对待，实施以形式公平为核心的“授权”规则体系，尤其是市场有效竞争领域，严禁政府的过度干预和越位。在市场失灵的工作领域，做到具体问题具体对待，严防政府缺位。

第六章

我国新旧动能转换的有效路径

第一节　强化融合发展，加快建立新旧动能转换的现代产业支撑体系

我国现阶段经济的发展以供给侧结构性改革为导向，我国工业的新旧动能转换也是在这个背景下进行的。我国工业的出路在于以创新驱动为主线，不仅要实现产业的“存量优化”，也要实现产业“增量崛起”的目的；既要在“开放带动”中寻找出路，也要在“内需升级”中找到生机；不仅要将“降成本”与“促质效”二者并重，也要达到“有限权力”和“有效权力”的优化组合。我国要以融合、开放和改革的方式促进新旧动能的转换，并建立起一系列新的体系，如现代产业支撑体系、创新体系、新需求体系、现代规则体系等。

一、强化融合发展，建立现代产业支撑体系

1. 在存量优化上，主要是做好旧动能相关的传统产业的改造升级工

作。传统产业对我国经济的发展做出了重要的贡献，没有这些产业做基础和支柱，就没有新旧动能转换的产生。我国企业在发展中逐渐模糊了传统的界限，交互融合是新旧动能发展的典型特征，也是新动能发展的“策源地”。所以在推动传统产业新旧动能转换的过程中，必须要遵循科学的指导原则，即有保有压、有扶有控、差异化施力等。在这个过程中必须要重视市场的导向作用，以智慧化、融合化为转换的方向，使旧动能能够按照科学的操作方式不断地转换成新动能。一是要通过对传统企业的全面清理来扫清“僵尸企业”，这就是去产能的减法。在钢铁、炼油、煤炭、化工、船舶、平板玻璃、轮胎、水泥、电解铝等相关行业里所淘汰弃舍的低效产能，以促进产业体系向智能化、绿色化发展。二是要以支柱产业为主要对象，引导这些企业向集约化、高端化方向发展，这就做好了新旧动能转换的“乘法”。三是我国的传统产业具备自身的一些优势，要立足这些优势，以此做好新旧动能转换的“加法”。例如，我国的能源产业，要做好这个产业的“加法”就必须建立一批国家级高端的能源基地。四是我国农村经济的发展是一个重要的课题，它也为我国新旧动能转换提供支持。在这个过程中，有产业链相加、价值链相乘和供应链相通的“三链重构”的策略，以此为指引，我国农业与其他产业进行融合，将形成发展体验型、智慧型、循环型和终端型农业。

2. 在增量扩容上，主要是要做好新兴行业的培育工作。新经济目前在我国的发展还处于初级阶段，是我国经济中的“弱项”，它也是我国新旧动能转换的新战场。新经济增容扩量是我国新旧动能转换的重要途径和新的血脉。目前世界正处在新一代信息技术革命及产业变革的时期，我们必须要把握它的规律和特点，并以我国的具体国情为基础，来开展新旧动能转换的工作。我国新经济以“智慧产业化”发展为特点，与此同时，我国的传统经济以“产业智慧化”的改造需求为主要特点，这一新旧动能的特点必须要进行有机结合，最终才能让新旧动能转换取得成功。第一，聚焦智慧经济。在当今时代，工业软件大型企业及其产业集群、工业互联网与科技云平台等是我国新动能发展的主要动力，主要体现在大数据、智能制造、云计算、移动互联网、物联网等行业。只有在这些行业中培育出具有世界级水准的创新企业和具备国际竞争力的产业集群，才能促进我国企业新动能的转换。第二，大力发展数字创意产业。这个行业主要是以创新设计为基础，这些创新成果用于制造业、服务业等领域，它也是这些行业的核心能力。未来我们需要为数字创意产业提供优质服务的设计平台，在平台的带动下，推动数字创意产业的发展。第三，积极发展我国的分享经济。随着共享设备和设施资源的利用率的提升，也因为新一代信息技术在生产生活中的应用普及，生产能力、创新资源、生活服务等方面的共享在不断地提升，新旧动能的转换也在分享经济中得以发展。

二、建立适合新旧动能转换的创新体系

一是以我国的产业集群为核心，建立起产业专业型创新体系。这种创新体系的前身就是产业集群创新网络。在我国，产业集群创新网络往往是由少数行业龙头企业、大量的中小企业和小微企业组成。集群的初始技术不是源于创新，而是主要通过模仿来实现，所以这样的群体不具备原创性技术研发能力，也缺少创新研发的相关推动机制。但是，这种产业专业型创新体系也有它的独特优势，它们的集群内部具备一定的原始资本积累，也有很多具有创新精神的企业家，还具备整合区外创新资源的经验。因此，它们有条件向新兴技术领域开进，可以在新旧动能转化的过程中进行大胆探索。

二是以我国的大城市为依托，逐步建立起包容的创新环境，为多元化环境型创新体系的发展奠定基础。全球科技创新中心是当下的热点，它是

我国的北京、上海、深圳等大城市的建设目标。这些大城市的共同之处在于，它们拥有产业多样化的环境、数量众多的高素质人才、丰富灵活的创新政策，以及便捷、开放、高效的国际化技术转移渠道。由于这些城市的产业多样化程度达到了很高的水平，因此，它们的创新主体能力比较强，在创新的资源整合方面具备优势，在创新的市场化环境方面占有先机，在创新技术传播扩散方面也有比较突出的优势。这些城市的电子信息、装备制造、生物技术等行业居于全球领先的创新地位，为新旧动能的转换带来了巨大的动力。

三是以我国的大型行业科研机构为研发阵地，主要发展集中攻关型创新体系。我国的国有科研骨干机构，不仅具有行业技术积累，而且还具有产业化优势，为集中攻关型创新体系建立提供了重要基础。利用这些机构的科研优势，雄厚的社会资本，以及同行业企业认可度等，可以为攻关型创新体系的建立提供重要的支撑。尤其是那些处于核心地位的大型行业科研机构，它们的优势更加明显。其体制优势可以加速资源的配置，主要表现在，这些机构在不同地区、不同部门和不同领域之间进行协调的能力较强，对创新资源的引入的动员作用更好。它们的这些优势有助于创新技术研发及后续推广应用，也可以缩短新技术新工艺的突破周期。

四是以大学和科学研究机构为依托，建立“政产学研用”融合型创新体系。创新型大学和国家级科学研究机构在国家创新能力的培育上具有不可推卸的责任和义务。它们拥有大量的人才资源，也具备创新所需要的深厚的知识积累，也能够适时把握新兴技术的风口，具备较丰厚的科研经费。但这些机构在我国现行的政体机制、机构职能的作用之下，还没有建立一个完整的创新链来适应产学研的发展。这就需要政府、相关企业、风险投资机构等一起做好基础工作，为“政产学研用”融合型创新体系服务。

三、建立适合新旧动能转换的新需求体系

新需求体系从地域范围上分为国内需求体系、外部需求体系。它的内容包括养老需求、生育需求、基础设施需求、公共服务和就业需要、技术分享需求、信息需求、社会保障需求、社会服务需求、公共安全需求等。

新需求体系的建立必须要全面加强和改进党的领导，充分发挥党在新需求体系的建设中总揽全局、协调各方的作用。以“五位一体”的总体布局、“四个全面”的战略布局为指引，破除新旧动能转换中的体制机制弊端。在思想建设上要坚持以人民为主的发展思想，充分实践新的发展理念，为新需求体系的建立提供坚强的政治保障、牢固的体制保障、强大的战略保障和雄厚的物质保障。

新需求体系的建立必须要更好地发挥政府作用。这就意味着政府不仅要随着社会结构变化，建立共建、共治和共享的社会治理格局，而且要深入贯彻党中央提出的“以人民为中心”的发展思想，向法治政府、服务政府和智慧政府迈进。例如，加强信息公开，让人民群众更加自觉地加入监督的队伍，让法治政府深入人心，让政府接受人民群众的监督。

新需求体系的建立必须要深化供给侧结构性改革。在市场失灵的情况下，政府的弥补优势就显现了出来。这就需要对政府发挥作用的形式进行创新。政府要广泛地发挥各体制内单位、社会团体、基层社区等广大人民群众的积极性。在供给机制方面，要建立适合人民群众新需求的机制，要把握现阶段人民群众需求的复杂性、多样性、发展性的特点，要提高供给机制的灵活性、针对性和创新性。这就需要政府利用市场调控、法治手段、技术手段等多种途径来实现。在供给质量方面，政府要严格把关，制定相关标准，指导企业的生产销售，监督企业的行为，提升产品与服务的质量。尤其是在质量监管和处罚方面，政府要加大力度切实保障供给质

量，不断满足人民的新需求，为新旧动能的转换带来机遇。

第二节　优化内外拉力，加快培养新旧动能转换的需求新体系

一、以多方力量来带动对外开放，为新旧动能的转化提供外需动力

我国经济在国际上处于十分重要的地位，世界离不开中国这个最庞大的经济体，反过来，我国经济的发展也要依赖外部的动力。在目前的环境下，我国经济要实现高速增长的目标，就必须要在外部需求上做好文章，以各种方式和措施来刺激外部需求。我国的对外开放程度随着经济全球化的发展日益提升，我国的对外开放水平也因此逐步得到提高。近年来，国家提出了“一带一路”战略，随着对外战略的纵深推进，我国的外贸质量得以不断提升，外需动能也在逐步增加。面对这样的形势，我们要在以下三个方面打好基础。

一是外贸模式必须得到创新，外贸结构也必须得到优化。我国在“一带一路”战略中鼓励多种多样的中小企业走出去，迎接世界的挑战，获得发展机遇。但是，这些企业在走出去的过程中，会产生很多的问题，需要得到很多专业化的指导和政策扶持。所以，面对这样的问题，必须要建立现代化的外贸综合服务平台来为这些企业提供支持。随着跨境电商的发展，我国必须依托自身在电商行业的优势，建立国家级、省级跨境电商综合试验区，放大服务外包示范城市政策效应，以此助力我国的知名品牌和传统产品借助电商平台走向世界。

二是国际产能合作必须得到重视，并将“引进来”“走出去”有机结合。我国的国家级境外经贸合作园区在“引进来”“走出去”的战略中具有重大的意义和作用。在它的引领下，优势产能才能在境外形成集群并逐步发展壮大。加入“一带一路”战略的企业，它们需要更多的资金扶持，这些资金不仅要从内去求得，也可以在外去开辟更加广阔的道路。国际性投资基金就是这些企业的合作对象，在这些基金机构的支持下，我国企业在资金方面的实力才能得到提升，投资力度才能增强。随着我国一些优秀企业的不断成长，它们在企业并购和重组等方面的需求也在逐步提升。在“一带一路”的参与企业中，国家应该支持企业并购国外的资源。这些资源包括的内容多种多样，它们可以为我国企业的核心竞争力起到积极的作用。例如，国外的优质资产、创新资源、国际品牌、人才团队、高端前沿的技术、市场网络等。

三是必须要不断地培育我国的自主品牌，提升民族品牌的世界影响力。我国的民族品牌要走出国门，在世界上获得不俗的成绩，不仅需要企业内部自身的努力，还需要我国政府为这些企业提供支持和帮助。要为民族品牌走出去建立一个线上的公共服务平台，从而可以帮助企业提升国际化的运营能力，主要是帮助企业开展境外商标注册、专利申请、技术标准认证、境外品牌兼并收购等工作和业务。

二、采取多种措施力保投资质效，提升经济运行的动能活力

我国的经济经过改革开放40年的发展，取得了令世界瞩目的成绩。尤其是传统产业取得了不俗的成果。相应地，正是因为传统产业已经发展到一定程度，它的投资需求已经饱和，所以，要在传统产业上来提升我国经济运行的动能活力就比较困难。要提升我国经济运行的动能活力，必须要

保证投资领域规模的适度，传统产业投资的萎缩，必须要以其他的产业来补充。主要有以下几种：基础设施互联互通、新技术领域、新商业模式、新产品领域、新业态等。在这些行业，投资机会能够大大地提升。在这些投资领域，政府要做的是为企业提供更多的保障政策和措施。

一方面，要大力鼓励民间资本的投资，打破其投资“瓶颈”。我国的民间投资面临许多障碍，主要是各类制度性的障碍和垄断性的障碍，这些严重地扰乱了市场经济的本质规律，破坏了公平、公正和公开的市场竞争原则，最终也导致我国民间资本投资的失败，阻碍了我国市场经济的良性发展。随着市场经济改革的深入，破除这些壁垒和障碍势在必行。同时，我国的国有企业发展到今天出现了很多的问题，以社会资本的活力来补给国有企业势必会给这些企业带来新的生机。经过国有企业的混合制改革，社会资本在这些企业中将扮演重要角色，有利于发挥中国特色的社会主义市场经济的优势，永葆企业的活力，促进企业健康快速发展。所以，国有企业的混合制改革之路要加速推进。近年来，我国 PPP 项目的投资力度在不断地提升，在这样的情形下，就会有更多的民间资本参与进来。这些民间资本可以参与国家重大基础设施、民生保障工程的建设。PPP 项目极大地鼓励了民间资本的参与积极性，促进了我国基础设施建设、民生保障工程的建设，所以要加大力度促进 PPP 项目的推广、落地和完成。

另一方面，新兴产业是我国新动能产生的新阵地，在我国经济的发展中居于重要地位。政府要引导我国的民间资本向新兴领域进发，就需要发挥多种政策的引导功能，给这些企业吃上定心丸。这些政策包括股权引导、风险分担、成本补偿、创新扶持等。只有让更多的企业清楚和明白加入新兴行业的政策保障之后，它们才能有底气，才有意愿去开创新的领域。尤其是在我国战略性新兴产业的投资上，更应该加大力度鼓励民营经济主体参与其中。这些战略性新兴产业包括节能环保、生物科技、新材料、新一代信息技术、新能源等。它们将为我国抢占新一轮科技革命的国际战略高地，也将引领新一轮产业发展走向国际巅峰。

三、多管齐下形成新的消费需求，以内需拉力促进新旧动能转换

随着我国经济的发展，人们生活水平得到了逐步提升，大家的消费需求也在不断地改变。人们已经不满足于同质化的消费，也不再留恋于排浪式的消费模式。人们更加需要以个性化、多样化的消费来满足自身的需求。而且基础的、低端的消费已经不是大家的追求目标，中高端消费成为当今时代消费的主流。要满足人们的这些需求，最重要的是提升产品的质量和性能。例如，当我国的本土化妆品能够与国际品牌媲美，那么这些中高端品牌消费者就会将消费的矛头瞄向国内的本土品牌，这样内在需求就被拉动，同时，还要创新供给模式、激活体验式消费的活力来拉动内需。因此，必须在以下两个方面做出努力。

一方面，重视供给体系的“上质效”建设。随着我国消费升级的趋势日渐增强，对国内产品服务质量的把握力度就必须得到提升。首先，企业自身的意识，必须要以质量取胜。其次，国家可以用利好的政策来鼓励企业生产高质量的产品和提供高质量的服务。例如，给予其资金、人才等方面的支持。国家还要建立为这些企业提供服务的公共平台，为它们提供技术、信息等服务。在内外两方面的作用下，才能建立起具备市场竞争力的民族品牌，才能保证这些企业具有科技含量，才能实现我国企业向跨界融合化、产业智慧化、品牌高端化方向迈进，才能全面提升我国供给体系的质量和效率，达到“上质效”的目标。

另一方面，重视供给体系的“保基本”建设。首先，要加大对我国消费领域的监管，主要是对各种违法行为进行更加严厉的打击。我国的立法

和执法部门在这类问题的处理上还有很多值得改进的地方。在我国，制假贩假的案例层出不穷，已经严重阻碍了我国民族品牌的发展，“山寨货”“伪劣品”似乎是我国国内自主品牌的代言词。目前我国对这些问题的处理还有待改进，只有严厉打击这些不法行为，才能为我国自主品牌的发展营造一个公平竞争的环境。所以，完善我国的立法和执法体系，是打击消费领域违法行为最重要的举措，加大执法力度则是其最直接有力的途径。其次，要深度完善我国的社会保障体系，关注弱势群体。政府要提升基本公共服务的均等化供给的质量，以此保证全民的基本消费需求，提升购买力。

第三节　深化创新驱动，全力打造新旧动能转换的源动力生态系统

一、加快培育“四新”经济体系

我国目前的经济发展中出现了产业价值低和产能过剩两个重大问题，而这二者的出现归根结底是因为我国的创新能力不足。我国通过供给侧结构性改革，要达到新旧动能的转换，最重要的发展策略是进行创新。我国目前以创新驱动发展战略为引领，以创新驱动的各项措施来加快培育“四新”经济，让“四新”经济成为我国经济发展的新引擎。在这个过程中，新动能将逐渐形成，创新的乘数效应将被激发和释放，经济上也将实现提质增效的目标。

首先，要采取各种措施深入实施我国的创新驱动战略。“四新”经济的发展需要新的模式和业态来支撑。因此，这些新兴产业及其新模式、新

业态的发展必须要有根本性的推动力量。我国当前的创新主要有三大驱动力量：技术创新驱动、市场创新驱动和制度创新驱动。技术创新驱动为市场提供高品质的产品和服务，以新的供给创造新的需求，扩展需求空间和市场空间。市场创新驱动主要着眼于企业全新的商业模式的建立，以市场为导向，以需求来实现供给。这样的商业模式能够降低成本，提供更高品质的服务，对市场做出更快速的反应，更有力地满足市场需求、适应市场竞争。制度创新驱动可以为市场主体带来更多的利益。因为通过制度可以调整或者创设改变市场主体利益关系，进而促进“四新”经济的新模式、新业态的发展，创造出巨大的市场空间。可见，依靠制度创新驱动可以创造需求和供给。

我国的技术创新驱动、市场创新驱动和制度创新驱动要带动“四新”经济的发展，必须要通过政府的细致谋划、系统部署来实现。因此，要达到这样的目标，就需要提升政府部门在这方面的工作效率，以完善的绩效考核体系来刺激政府提高政绩。例如，可以将“四新”经济的监管纳入政府的考核体系。

其次，要强化企业的创新主体地位。现阶段我国还比较缺乏在国际上具有并跑型、领跑型的创新龙头企业和骨干企业。因此，我国现阶段的重要任务就是要培育更多的企业在创新领域不断发展壮大。尤其是在我国一些优势产业领域还需要政府给予更大的扶持力度，建立和完善政策体系来促进企业的发展。政府需要在以下几个方面加大工作力度。一是创新人才的引进与发展。新兴行业的竞争归根结底是人才的竞争，只有提升企业的核心竞争力，才能全面保证企业的长远发展。二是创新资金的使用。新兴行业对资金的需求量很大，政府在创新资金上的支持将大大提升企业的投资能力、抗风险能力、创新能力等。三是知识产权保护。知识产权对新兴行业来说是它们的命脉，政府需要为企业提供政策、法规等的基础保障才能为这些企业解决后顾之忧。因此，政府为企业提供这些政策和资源，可以保证我国的“四新”经济在良好的创新创业环境中健康发展。

再次，要重视科技成果的转化和应用。政府在这方面必须要进行一系列体制机制创新。要建立适合科技成果转化的市场导向机制，不断在这个市场导向机制上进行创新。

最后，我国还要深入实施标准化的战略。只有建立了严格的标准体系，才能让企业有准确的参照标准，在提升质量的过程中以有效的标尺来规范自身的行为。这样，企业就可以将品牌质量作为自身发展的重要支撑，并实现标准、质量、品牌“三位一体”的融合发展，最终实现企业品牌的高端化发展目标。

二、筑实创新公共服务平台体系

我国政府在对企业的支持过程中，以过度地介入科技创新的传统模式中为主。但是，随着我国创新企业的成长和发展，这样的支持方式必须有所改变。不是以特定市场、特定技术和特定企业的散点支持为主，而是要着眼于全局。要对我国企业的创新带来更大的支持力量，就必须要做到在面状上的支持，即为企业创新构建公共创新平台。

从创新公共服务平台的类型来分析主要有以下几种：

一是大企业创新平台。首先，企业的创新平台必须要激发企业内部的创新活力。对内开放就是需要企业在内部打造众创空间。企业中的员工，人人可以参与，能者上，实现优胜劣汰，形成良好的竞争机制。团队自由组合之后，形成项目团队，并推动新项目前进。企业的众创空间可以激活企业内部的创新创业活力。

其次，要加速企业对外收购的步伐。企业的并购和重组可以提升企业的实力和竞争力。大型企业通过对业务相关领域的企业、技术前沿领域的企业、具备先进的商业模式的企业等进行并购，可以增强自身的综合实力，从而促进企业的创新。

再次，将大企业内部的资源与外部资源进行对接，主要是企业的产业资源与外部的智慧资源之间的结合，以此来打造企业的开放式创新创业平台。大企业的实力就在于拥有核心的资源优势，在此基础上实现大企业内部资源与外部的创业团队对接，就能让企业通过内外合作来完成一系列项目。这对合作的双方来说都是有积极意义。一方面，这些外部的创业团队，找到了更好的资源、更好的生态圈和更好的发展平台；另一方面，这对大的企业来说，可以解决创新能力不足的问题。

二是行业创新平台。主要是要激发行业的龙头企业在创新中的领导和带动作用，尤其要充分发挥“四新”行业的龙头企业的带动作用。建立和完善适合行业创新的机制体制。例如，在我国企业和经济发展转型升级阶段，要发挥华为、阿里巴巴等行业龙头企业的创新能力，以它们的力量来带动行业向前发展，使我国企业在新一轮的技术革命中取得令人瞩目的成就和地位。

三是园区创新平台。园区创新平台的建设可以从“建”和“管”两个方面来解决发展的难题。首先是科学的“建”。要优化整合载体平台，对人才项目进行有序的梳理，对已有空间进行适当的盘活，促进后续工作的不断推进。围绕园区的产业进行精准定位、优化布局，提升园区的孵化、服务功能的效应，提升园区的总体承载能力。其次是有效的“管”。政府的“管”要从政府的激励机制入手，这些激励手段要运用于创新创业载体平台的人才考核体系中。以此激发人才的积极性，尤其是激发基层载体平台中的人才的积极性。与此同时，政府还要鼓励创业园区的基层载体平台逐步发展为孵化器，以适当的物质奖励为主。政府还要为这些孵化器设立“绿色”通道，实现政府事务办理的“一站式”服务，提升这些企业在行政事务中的办事效率。此外，政府还要采取多种措施引进中介服务机构，提升孵化器服务功能的品质。

四是区域创新平台。区域创新平台从范围上讲，建立在园区创业平台的基础之上，同时也建立在大企业创新平台、行业创新平台的基础之上。各类创新载体和创新资源经过整合之后，自主创新能力和创新服务水平都得以提升，形成了区域创新平台。区域创新平台在建设过程中对该区域的创新能力的引领作用是巨大的。以我国东部地区的区域创新体系的建设为例，东部地区区域创新平台的作用是培育区域内产业竞争的新优势，促进该地区战略性新兴产业的发展，提升现代服务业和先进制造业的综合实力。

为了促进以上四种创新公共服务平台的发展，促进我国企业的创新能力的提升，需要建立平等开放、分类共享的基础性、共性和关键性的公共创新平台。所以要不断地完善公共创新平台服务体系，同时，还要提升我国政府各级的创新综合服务能力。第一要务是确保国家的利益和商业秘密的安全性，其次要对创业者起到一定的作用。这些作用主要体现在：为企业提供纯公共产品或者准公共产品，可以降低市场创新的成本，可以为高端、前沿的市场创新奠定基础。

同时，在对我国的创新企业的支持过程中，还要加大力度支持科技服务型骨干企业的发展。科技服务型骨干企业的建设目标是，要搭建为新兴企业提供科技服务的协助网络，要建立起完备的科技知识服务平台体系，最终打造一批科技服务业集聚区，为我国创新企业的发展提供足够的动力支持，提升我国中高端科技服务的能力。

第七章

我国区域经济发展和新旧动能转换

第一节　我国产业转移与新旧动能转换形影不离

产业转移是一种重要的经济现象，不同区域之间呈现出不同的经济发展水平，产业的转移可以使二者的发展趋于平衡。例如，我国的东西部地区，产业转移可以实现二者的平衡发展。在市场经济条件下，我国东部发达区域的产业在区域比较优势发生变化之后，就应该顺应这一变化，部分企业可以实现产业的转移。例如，借助跨区域的方式直接投资，在发展中区域投入生产，这就实现了该企业由发达区域向发展中区域的产业转移，企业在产业的空间分布上发生了改变。产业转移的重要意义在于对区域经济结构调整的积极作用，对各个区域经济关系的融合意义重大，同时，它对部分企业的战略决策有重要影响。我们对“产业转移”一词并不陌生，然而学术界对于产业转移的研究还较少，因此，有关产业转移的形式还没有统一的规定，对于产业转移的动因也没有明确的认识。

从产业转移的概念分析，我国目前的研究理论还比较少，主要来自蔡昉的理论。蔡昉基于雁阵理论（赤松要、大来、弗农），结合中国的具体情况，将产业转移概括为：第一，我国的产业转移符合雁阵模型，因为不同的国家和地区之间在产业上有不同的优势，也有高下的比较，所以在世界范围内各个国家和地区之间的转移是持续发生的；第二，产品生命周期相关特征在产业转移中占有重要位置，它起到了决定性作用；第三，产业相继承接差异引发了各个国家和地区之间的发展阶段的巨大差异、资源禀赋的巨大差异和历史遗产的巨大差异。

产业转移必定有技术的溢出，产业转出地会将生产效率低下的产业转出，转而吸纳生产效率更高的企业或者更高形态的产业。生产效率低下的产业作为旧动能而被淘汰。在转移的过程中，生产效率更高的企业或者更高形态的产业带着技术转移和技术溢出，新的产业的到来为承接地带来新动能。由此可见，产业转移必定可以促进新旧动能转换。

产业转移带动了经济动能的增加。我国的国家宏观战略如西部大开发、振兴东北老工业基地等，这些政策的出台对这些地区的经济具有极大的推动作用，因为产业转移势必会给这些非中心城市带来经济增长的动能。研究表明，我国的工业发展向中西部扩散和转移的趋势日益明显。这就充分证明了我国的宏观战略促进了区域间的产业转移。众所周知，我国的制造业主要集中在东部沿海地区，但是随着我国政策的出台，制造业的集聚程度在 2011 年已经进入拐点，大多数产业的集聚程度在 2004 年达到最高位，随后，维持稳定或者下降。我国的吴三忙、李善同等学者在 2010 年的研究表明，1997—2003 年，我国的制造业重心向东南部移动，2003 年之后则向西北方向移动。总体来看，我国的产业转移的规模不大，但是 2005 年后，我国东部地区向中西部地区产业转移的产业数量和规模都在持续增加。

一、第一产业转移动能

以2001—2015年为例，根据行业的数据显示，全国第一产业转移的大趋势为向西北转移。将这一时期进行更加细致的划分，可以分成两大阶段，2001—2013年和2013年之后。2001—2013年第一产业的重心呈现出向西偏北方向移动的趋势。其中，2003—2006年，第一产业的重心点比较集中，呈现出向北偏移的趋势，但是幅度较小，没有产生较大的影响。2007—2013年，第一产业的重心向北移动的趋势比较明显，但是没有很强的规律。2008年和2011年是比较特殊的两个年份，第一产业的重心均向南转移。而从2013年开始，我国第一产业的重心开始向西南方向转移。因此，我国的第一产业重心移动轨迹为先向北再向西南。而在这段时间内，主要是西部大开发战略的影响，造就了第一产业的重心由东南向西北方向转移。随着我国西北地区产业素质的提升，该地区的劳动生产率也逐步得到提升，随后，我国的第一产业向更为纵深的区域发展。

二、第二产业转移动能

以2001—2015年为例，我国的第二产业重心点移动轨迹和工业产值重心点移动轨迹大体一致，主要特点是大幅度向西偏移。2011年之后，第二产业重心点移动轨迹和工业产值重心点移动轨迹则大幅度向南移动，小幅度继续偏西；同时，第二产业重心点移动轨迹较工业产值的重心点移动轨迹更偏向西侧，第二产业中的建筑业表现更加明显，比工业产值的重心点移动轨迹更偏北和西南。

由2001—2004年的数据可知，该阶段我国的工业产值重心点大部分在东部地区，这是因为新中国成立初期主要发展的是东北地区的重工业基地，它对我国工业的发展和布局都有长远的影响，这些影响持续到2004年。从2004年开始，我国的工业重心开始有所变化，逐步转移到西部，还有向南部发展的趋势。我国的工业转移路径大致可以分为三个阶段。第一阶段：2004—2007年，工业产值重心转移南北向基本不变，但向西移动跨越较大。第二阶段：2007—2010年，重心路径南北波动较大；2008—2009年，产业重心跨幅较大。第三阶段：2012年之后，工业重心向南移动较大。

我国东北工业基地没落的同时，中西部地区工业发展的速度较快，我国的工业发展动能由东北地区向西南转移。随着工业的转移，我国的第二产业重心点也随之转移，二者的移动轨迹基本重合，偏差较小，都呈现出向西部偏移的趋势，东西跨度都较大。随着时间的推移，我国的第二产业重心点与工业产值重心点的移动轨迹的变化幅度在不断提升。2012年之后，我国第二产业重心点与工业产值重心点的移动轨迹非常明显地向南偏移。2014—2015年，也呈现大幅向南偏移的趋势，而且同时向东回归。综上所述，2013年之后，我国的工业向西部发展的趋势不再明显，随之而来的是，2011—2015年第二产业重心、工业产业重心主要向南转移。

三、第三产业转移动能

与第一、第二产业一样，第三产业重心总体也是向西移动的。2001—2009年，我国的第三产业重心的移动轨迹没有明显的趋势，但是南北转移轨迹的波动比东西幅度大。2010—2015年，我国的第三产业重心的移动轨迹逐步向西，趋势比较明显。根据第一、第二、第三产业的重心转移轨迹可知，它们具有协同的趋势。在第二产业的带动下，三大产业逐步向西部偏移，而且在2012年之后，第三产业重心又有向南偏移的趋势。

以西部大开发为例，可以分析出我国产业转移的原因和积极意义。一方面，在西部大开发中，因为重大基础设施建设取得了较大的成功，我国西部地区在交通、水利、能源、通信等方面得到了实质性的改善。在这个基础上，东部产业向西部逐渐转移。在西部大开发战略与西部地区转移方向的实施过程中，该地区的开放程度进一步得到提升，基础设施建设在逐步完善。因此，我国西部地区已经今非昔比，承接产业转移的能力大幅增强，可以承接东部发达地区乃至境外产业转移，这就是产业承接地的刚性需求。与此同时，东部地区的工业化程度较高，传统动能已经不能刺激其较快地发展，加之土地、劳动力、水、电等成本大幅攀升，东部地区无法以传统工业的微薄收益来维持自身的发展，亟须产业转型升级。这些地区的旧动能就必须要转出，这就是产业转出地的迫切需求。

2007 年，我国出台了多项政策来促进东部产业向西部转移，在此之后，东部产业向中西部转移渐成气候。

随着“鼓励东部地区向中西部地区进行产业转移”“继续推进西部地区基础设施和生态建设”“增加西部大开发投资”等 2007 年中央经济工作的主要任务的实施，中国各部委也在实施相关策略，以促进东西部地区产业的转移途径和方法。

在我国东部发达地区，由于资本相对饱和，本地市场在新的经济环境中满足不了资本增值的需求，同时生产资源、劳动力成本、环境、市场等因素都发生了变化，这些因素影响着东部发达地区的产业，促使资本向外扩张。我国的长江三角洲地区、珠江三角洲地区和闽南地区原本较为发达的工业，其相关产业已逐渐实现梯度转移。例如，上海在成功申办世博会之后，就在 2010 年之前，逐步实现企业外迁，最终达到上千家企业的产业转移，让传统产业退出上海地区。而从西部地区的发展情况来看，产业转移已经呈现了加速现象。以西安为例，在西部大开发逐步推进的过程中，实际引进内外资均实现一年翻番，全市实际利用外资达到 2.5 亿元，一共花了 20 年时间，但是因为在承接东部地区的产业转移之后，从 2.5 亿元到 5.7 亿元所有的时间大大缩短，只用了 3 年时间。由此可见，西部大开发中的产业转移带来的动能是巨大的。

第二节　创新为我国带来的新动能

创新是实现经济增长的主要新动能。全球创新指数由世界知识产权组织、康奈尔大学等机构共同发布，是衡量一个经济体广泛的经济创新能力的指标。全球创新指数在 2007 年首次推出，每年发布一次全球创新指数报告。2018 年全球创新指数对全球 126 个经济体的创新能力进行了量化评估，评估指标包括知识产权申请、移动应用创新、教育支出和科技出版物等 80 项。2018 年全球创新指数前十名的国家分别是：瑞士、荷兰、瑞典、英国、新加坡、美国、芬兰、丹麦、德国和爱尔兰。中国的最新排名为第 17 位——与 2017 年的第 22 位相比，排名前进了 5 位。在核心创新投入和产出方面，美国依然排名首位。而在研究人员、专利和科技出版物数量方面，中国位居第一。报告还评价了各经济体将教育投资和研发支出转化为高质量创新成果的能力，其中瑞士、卢森堡和中国位列前三。在全球“最佳科技集群”排名中，日本的东京—横滨地区和中国的深圳—香港地区分列前两位。而美国的创新热点地区数量最多，总共为 26 个。

以我国的典型区域在 2005—2015 年的专利申请量为例，以此来反映我国不同区域的创新水平，包括京津冀地区、东北地区、长江三角洲地区、珠江三角洲地区和少数民族地区。以此来分析出各典型区域的创新新动能。总体来看，我国典型区域的专利申请在逐年上升。其中，长江三角洲地区的专利申请数量远远高于其他地区，而且每年上升的数量也非常大，在全国居于首位。以 2005 年为例，全国的专利申请总数约为 38.3 万，而长江三角洲地区的专利申请数量就达到 11 万件，约占全国的 1/3。珠江三角洲地区的数据约为 7.2 万件，比长江三角洲地区的专利申请量少了 2 万多。京津冀地区的数据约为 4 万件。东北地区的专利申请量约为 2.6 万件，还不到长江三角洲地区专利申请量的 1/4。少数民族地区的数据则为 6303 件。由此可见，我国的专利申请量分布是非常不平衡的。从专利申请量可以看出一个地方的创新能力的高低，因此，长江三角洲地区的创新能力是全国最高的，这样的创新能力是长江三角洲地区发展重要的动能。尤其是在 2012 年，长江三角洲地区专利申请数量占比达到全国的 42.08%，而且这个地区的绝对数量增长与其他地区相比是遥遥领先的。虽然在 2014 年长江三角洲地区的专利申请数量相对于 2013 年有所下降，但是在 2015 年，增长的势头非常强劲，总的数量达到了 84 万件。正是因为长江三角洲地区的创新体量庞大，在经济发展中的创新因素很多，在遇到经济危机时，长江三角洲地区的企业因为拥有创新能力，它们不受旧动能的影响，由于新动能受到经济危机的负面影响较小，所以对整个企业来说，它们具备了较强的抗风险因素，一般都能够在经济危机中保持稳定。

珠江三角洲地区的专利申请数量仅次于长江三角洲地区，在全国排名第 2 位。但是，从该地区专利申请数量的体量来说还是远不及长江三角洲地区，而且该地区专利申请数量的规模占比在近年来有下降趋势。2005—2007 年，年均占比接近全国的 1/5（18.55%），但是在 2008 年之后，该地区的专利申请量占比下降到约占全国的 1/10（11.83%）。随着我国经济的发展，珠江三角洲地区的工业化程度在不断地提升，进入工业化后期，传统的动能减弱，它不能促进工业的稳步发展，需要新动能给产业带来动力。但是由于珠江三角洲地区的企业大多是劳动密集型企业，它们以往靠的都是低廉的人力成本，也就是我国的人口红利。但是，随着我国经济转型时期对新动能需求的不断提升，传统劳动密集型企业不再是为工业发展带来主要动力的产业，需要将这些低技术的企业淘汰或者升级为高技术企业。面对国际金融危机，必须要抓住我国企业转型期的机遇，对企业进行调整。但是，2008—2013 年，在珠江三角洲地区，这些企业没有像长江三角洲地区那样，以提升自身的创新能力为出路来迎接未来的挑战。

京津冀地区专利申请总体数量居于全国第 3 位，它在总量上不占优势，但从 2005—2015 年总体的走势来看，京津冀地区每年的专利申请增幅比较稳定，每年的总体数量也比较稳定，根据数据分析，这个地区的创新规模呈现“U”形。2005—2006 年该地区专利数量在全国的总体专利数量的占比高于 10%，2007—2013 年占比有所下降，在 8%~9%，2014 年、2015 年占比又超过了 10%。从这些数据可以清楚地看到，京津冀地区保持在全国的优势的基础上，实现了稳步发展，最终在创新的过程中实现了内涵式发展。

以北京、天津、石家庄、唐山四地为例来分析京津冀地区的综合创新能力。北京、天津是京津冀地区创新的主要城市，北京已经完成了工业化，新动能的发展在北京主要得益于创新资源密集的优势。高校、科研院所、科技类企业等数量都是全国第 1 位。天津市以打造科技资源共享服务平台为目标，也是各种创新要素的聚集地。石家庄在河北省排名居首位。石家庄市主要是以建设科技创新新城为目标，辐射整个京津冀地区。以京津冀地区协同发展为建设科技创新新城的机遇，结合自身优势资源——高校、高新技术等在全省居于首位，快速地向京津冀城市群“第三极”进发。唐山市注重对创新环境的不断优化、团队创新氛围的打造、对创新活力的提升，为新兴产业机器人、先进装备制造、新材料等提供了有力的科技支撑。由此可见，京津冀地区的城市在发展中立足于自身的优势，并借力地区协同发展的机遇，走出了一条适合自身发展的特色创新之路。

东北地区属于我国的老工业基地，该区域的振兴一直是一个比较复杂的问题。该地区的旧动能在下降，新动能不足，因此困难重重。2005—2015年，虽然总体上该地区的专利申请数量在逐步上升，但是这样的增幅是不够的。该地区的专利申请数量在全国占有的规模并不乐观，这个比重一直在下降。在2005年占比为6.74%，2015年的占比仅为3.47%。由此可知东北地区的创新能力在逐步下降。因为创新能力不足，就没有推动该地区经济发展的新动能，又加之旧动能已经衰退，新旧动能转换就成为难题，所以该地区的经济发展面对诸多的困难。

对于我国少数民族地区来说，它们的工业化程度很低，所以就更谈不上创新能力的培育。这些地区的产业溢出较小，资本流入也是远低于全国其他地区，所以我国少数民族地区的基础创新水平很低。2005—2015年，我国少数民族地区的专利申请数量基数较小，上升幅度微乎其微，在全国的占比也非常低。从2005年的1.65%上升到2015年的2.63%。所以我国少数民族地区的创新能力明显不足。但是，随着国家对少数民族地区的鼓励政策的出台，该地区的创新能力将会得到不断的提升。例如，2014年、2015年占比上升均达到了2%以上，2014年以来，我国少数民族地区创新能力的涨势较好。

综上所述，我国的创新能力呈现分布不均的现象，只有不断地抓住全国各地不同的优势，注重创新能力的培养，以创新来推动当地的发展，才能以足够的新动能促进全国经济的稳步增长。

第八章

我国科技创新和新旧动能转换

第一节　我国信息化技术发展为新旧动能转化提供了充分条件

纵观人类历史，第一次工业革命使蒸汽机动能作为主要动力，替代了人力，实现经济发展动能的第一次转换；第二次工业革命中，旧动能被化石能源及电能等新兴能源代替，使德国、美国等国家的工业化进程大大提升；第三次工业革命则是以信息技术和远程通信技术为主，电信、互联网、计算机等信息技术产业开始崛起，并且成为新的经济支柱，使西方发达国家以及新兴经济体国家开启了新型工业化道路。

每一次工业革命的演进都是以动能转换为基础的，由此也推动了新技术和新工艺的进一步发展和应用，催生了大量新兴企业，辅助完成了经济结构的变革。

进入 21 世纪以来，人工智能、区块链、物联网发展迅速，新一轮的科技革命和产业变革正在创造新的全球版图，正在重塑全球经济结构。信息技术的发展日新月异，网络化、数字化、智能化进一步发展，给人们的生产生活带来了巨大的变化，也为新旧动能的转换提供了优越条件。只是，从全球角度来说，2008 年国际金融危机以来，经济发展动力不足的问题开始凸显，全球各个国家都在努力探索经济增长动力转换的模式。

而我国拥有世界上最大的互联网应用市场。2018 年 8 月 20 日，互联网络信息中心在北京发布的第 42 次《中国互联网络发展状况统计报告》中指出，截至 2018 年 6 月，我国网民规模达到了 8.02 亿，比 2017 年末增长了 3.8%，互联网的普及率达到 57.7%，手机网民的规模达到 7.88 亿。

在中国互联网信息中心发布的第 41 次《中国互联网络发展状况统计报告》中显示，截至 2017 年 12 月，我国境内外互联网上市企业的总数为 102 家，比 2016 年增长了 12%。其中，腾讯市值 3.1 万亿元，阿里巴巴市值 2.9 万亿元，百度市值 0.5 万亿元，这三家市值总和占总体上市企业市值的 73.9%。

由此可见，本轮科技革命的主要推动力就是信息技术。2015 年，在世界已经公布的专利申请中，占比最高的就是计算机技术，占总数的 7.9%，其次是占比 7.3%的电气机械，以及占比 4.9%的数字通信。

近年来，大数据技术发展迅速，并逐渐渗入各个领域，发挥着重要作用。无论是大型跨国企业还是各个新兴企业，都将目光放在互联网、大数据以及人工智能方面，并进行了一定的布局，对计算机技术的研发工作加大了支持和投入。在信息化发展的大时代背景下，新旧动能的转化加速，主要表现在对传统产业进行升级改造，实现了对旧动能的升级改造；进一步促进了制造业和现代服务业的融合发展；在高新产业技术融合的过程中，产生了新业态、新模式，并催生了新动能。

实现新旧动能的转换是我国经济高质量发展的重要保障，党的十九大报告指出：我国经济已由高速增长阶段转向高质量发展阶段，正处在转变发展方式、优化经济结构、转换增长动力的攻关期。

这一场时代变革的关键点就在于培育出新的增长点、建立新的机制、形成新的动能，充分利用信息化发展，实现高质量、高效率的可持续发展。

第一，信息技术进一步升级改造了企业价值链的各个环节，降费提效促进了新旧动能转化。信息技术渗透进传统企业价值链各个环节，促进了各个环节之间的高附加值化和低成本化，为企业提供了信息处理的自动化功能，直接影响了企业价值链中任何一个环节的成本，改善了企业的成本结构，使企业取得竞争优势。

此外，传统制造业和大数据的结合，能够连接起企业价值链上各个孤立的环节，包括研发、企划、采购、营销、制造、客户、物流、用户等，可以更快度、更有效地满足用户的需求。

截至 2016 年 12 月，我国对于信息化系统进行内部部署的企业占总样本的 60%。相较于 2015 年，足足提高了 13.4%。其中建有办公自动化系统（OA）的企业为 50.4%，建有企业资源计划系统（ERP）的企业为 28.2%，建有客户关系管理系统（CRM）的企业为 25.9%。在销售领域，截至 2016 年 12 月，通过互联网进行在线销售的企业为 45.3%，通过互联网进行在线采购的企业为 45.6%。在营销推广领域，通过互联网进行营销推广的企业为 38.7%，远远高于其他推广手段，如传统媒体（报纸、杂志、电视）、户外广告等，企业最主要的营销手段是互联网。生产环节中也开始运用信息技术，并不断对旧动能进行升级改造。

三一重工是一家上市企业，它通过和腾讯合作，在全球范围内接入了超过 23 万台工程机械数据，收集了过千亿的工程机械工业大数据，将机器故障维修时间控制在 24 小时之内。与此同时，和同行业相比，易损件备件滞留库存等也减少了 40%以上，每年为下游经销商减少备件库存超过 3 亿元。

第二，在信息技术的刺激下，新产品、新业态、新模式层出不穷，给传统产业注入了新鲜血液，提供了新的动能。在过去的 10 年里，苹果、脸书、谷歌、阿里巴巴、亚马逊等企业依靠大数据和平台以及共享等新的商业模式，获得了快速的发展。在新兴企业的包围和威胁下，传统企业也开始觉醒，不断探索和定义企业的价值主张，想要通过产品创新、业态创新、商业模式创业找到新的突破，从而完成自身的转型。

随着互联网思维和分享经济的渗透，近年来，新的服务模式层出不穷，如无人超市、共享单车、O2O 生鲜等。传统零售业、医疗行业、旅游业等也得以升级改造，极大地改变了人们的生产生活方式。

2016 年，我国网络购物市场的交易规模为 4.7 万亿元，在全社会总消费品零售的占比为 14.2%，同比增长了 23.9%，由此也说明了零售业的主流渠道就是互联网，见图 8-1。

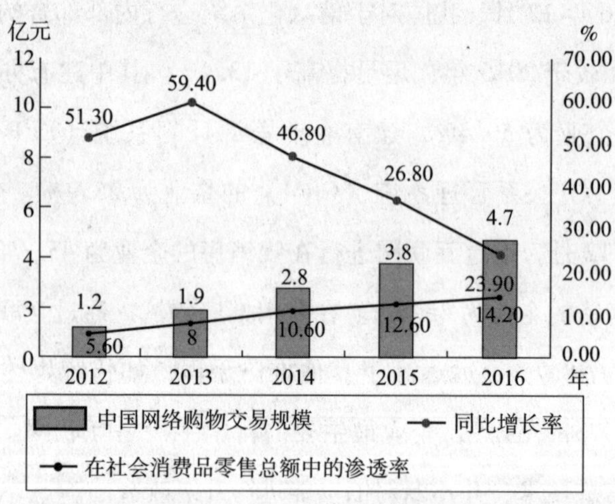

图 8-1　2012—2016 年中国网络购物交易规模

从品类角度看，除了要进一步促进产品的多样化、提升售后服务和优化物流体系，还需要进一步开拓农村网络购物、跨境网购等渠道，以及进一步深耕母婴、家装、医疗等细分市场。

随着移动互联网的广泛普及，以及云计算和大数据在各个领域的广泛应用，及时更新供需信息、整合分散资源实现快速匹配、信用认证等分享经济的相关要素也得以迅速发展，分享经济得以迅速渗透到各个领域和各个环节，并得到快速发展。2016 年，我国分享经济市场交易额约为 34520 亿元，同比增长了 103%，主要分布在生产能力、知识技能、生活服务、交通出行、医疗分享、房屋住宿等重点领域。约 6000 万人参与提供了服务，同比增加了 1000 万人。

其中，在分享经济平台，就有约 585 万的就业人数，同比增长了 85 万人。分享经济使创新创业的门槛降低；线上线下资源的整合，有利于提高创新创业的效率。2016 年，分享经济的三大亮点为知识付费、分享单车及平台直播，共享经济不仅升级改造了传统交通出行领域，更是以信息变现、知识分享为突破口，形成了新的产品和新的行业。分享经济新业态的出现对互联网经济与实体经济的加速融合起到了进一步的推动作用。预计未来几年，在产品、资金、知识技能、空间、生产能力、劳务等领域，“互联网+”模式会迅速繁殖，更多的平台企业会出现在众人面前。与此同时，实体企业的各个环节，如创立、用工、研发、设计等也会受分享经济的影响，进一步升级改造，最终实现产业融合、技术融合、产销融合、数据融合、虚拟融合。

第三，信息技术也会催生新产品，产业内部的融合能够培育新动能。在当前激烈的科技创新能力竞争背景下，为了更好地适应这一环境，高科技产业之间必须要相互渗透，实现强强联合。再加上在大数据、云计算等高科技术段的协同推进下，人工智能有了突破性的发展，服务业和制造业深度结合，制造业智能化、信息化进程得到了进一步的推动。制造业企业把人工智能广泛引入生产流程中，使生产过程更加有效率、更加“聪明”。

中国已经连续 5 年成为全球工业机器人最大消费的市场，我国工业机器人市场发展迅速。2016 年，我国工业机器人总体市场规模为 34 亿美元，

4 年来平均增速为 34. 5%；到了 2017 年，又增长了 81%；2018 年第一季度，工业机器人数量持续增长，第一季度产量为 3. 3 万台，同比增长了 30. 7%。国际机器人联合会预测，发展至 2020 年，我国工业机器人的销量将有可能在 21 万台以上；同时，随着物联网的不断发展，智能交通、智慧城市、智能医疗、工业自动化等典型应用也不断涌现。在这种大时代背景下，物联网和移动互联网两大产业开始逐渐融合。

此外，互联网技术逐渐向移动互联网发展，多域人工智能和生物技术相结合，形成了人体能力增强的技术轨迹。

第四，产业智慧化必须依靠信息化。产业智慧化，指的是传统产业需要借助知识、智力、信息等因素，实现智能化生产，发展智能服务和产品，培育出新型的生产方式。从发展趋势来说，产业智慧化未来的前进方向，便是利用大数据、物联网等技术，使企业供应链的服务水平和管控水平进一步提高，从而进一步提升生产流程和产品智能化水平。

总而言之，新旧动能的转换离不开信息化的推进，我们应该抓住这一利好机遇，乘上信息化飞速发展的列车，更快、更好、更有效地完成新旧能的转换。

第二节　我国新旧动能转换所面临的重要挑战

我国产业新旧动能的转换面临着诸多障碍和挑战，其中主要有以下几个方面。

一、监管制度供给创新不足，很难适应新业态、新组织的发展

因为新业态、新组织的发展速度比较快，再加上互联网环境下的经济

业务多为跨地区或者多产业融合模式，导致行业性与地方性法规的冲突日益凸显。因为涉及的范围比较大、修订面比较广，一时难以有相应的法律法规配合适应监管。当前一方面促进发展新经济的制度供给创新不足，另一方面缺少能够适应新经济发展的监管模式。

首先，互联网经济时代的新动能跨地域性的特点和传统监管的地域分割模式有所冲突。以网约租车为例，我国的网约车规模比较大，CNNIC 发布的第 39 次《中国互联网发展状况统计报告》中显示，截至 2016 年 12 月，网络预约出租车用户的规模达到 2. 25 亿，比 2016 年上半年增加了 6613 万，增长了 41. 7%，网络预约出租车用户占据网民的 30. 7%，比 2016 年上半年提高了 8. 4 个百分点；而网络预约专车的用户已达到 1. 68 亿人，在 2016 年上半年的基础上增加了 4616 万（见图 8–2），增长了 5. 8 个百分点。到了 2017 年底，包括专车和网约出租车在内，中国网络约车用户的总规模达到了 4. 35 亿人，增速为 19. 2%。

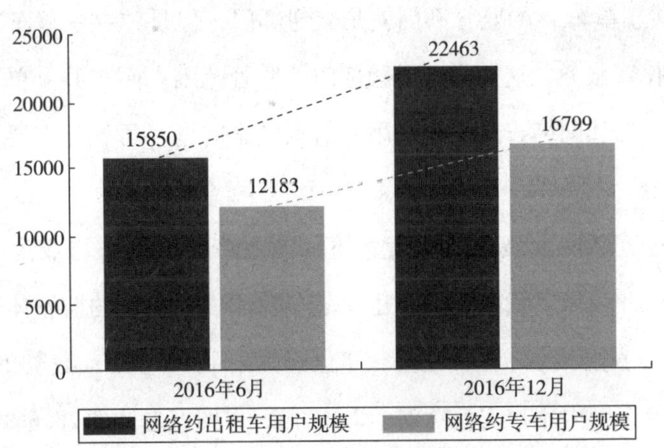

图 8–2　2016 年互联网用户约车规模

网约车的快速发展，使“打车难”“出行难”的痼疾得到了极大缓解，这也是“互联网+”背景下共享经济的典型代表。只是，我国传统出租车行业的监管方式比较滞后，这给网约出租车的发展带来了很大的阻碍，网约出租车行业发展几乎进入了瓶颈期。

在我国，对传统出租行业的监管部门主要是出租车公司所在地的交通行政主管部门，地域性特征比较明显，但是，在互联网技术的大力发展下，网约车的经营范围早已突破地域的限制。如“滴滴出行”，其服务城市达到360多个。如果依据传统监管方式对其进行监管，“滴滴出行”必须要根据自己的经营区间，向相应地区的市县道路运输管理机构提交申请并且登记，但是“滴滴出行”的优势为轻资产经营，这样的监管方式将会使它的优势大打折扣。

其次，传统监管行业的分割性和以互联网经济为代表的新动能跨界融合性相冲突。传统的监管方式主要是依据行业特征来设立的，但“互联网+”经济模式特征比较模糊，致使原有的监管模式出现了“要么不知道谁来监管，要么就是多头监管”的情况。以共享单车为例，依照传统的监管模式，“共享单车”的监管部门就是交通部门，但是“共享单车”还要对押金进行托管服务，这又属于金融部门的监管范围；而“共享单车”又需要使用大数据和网络，这又涉及用户信息安全问题，可能还需要公安部门的协同配合。

在现今互联网发展的时代背景下，产业跨界融合必将成为一种新常态；但是对此领域，我国还没有建立起一套成熟、先进的监管体系。截至2016年底，我国共享单车的用户数量已经达到了1886万；截至2017年12月，共享单车国内用户规模达到了2.21亿，占网民总体的28.6%，半年之间增长了1.15亿，其增长率已达108.1%。由此可见，必须要找出一种适合跨界企业的监管模式，如此才能保证此行业健康快速地发展。

再次，新动能下监管主体的激增，使传统监管下的约束资源很难适应。事中、事后监管是我国传统政府监管的主要模式，但在互联网经济环境下，因为创新门槛有所降低，市场上涌现出大量的新企业。根据国家工商总局发布的数据显示，2016 年全国新登记了 552.8 万户企业，同比增长 24.5%；VC 投资基金募集 536.9 亿美元（约合 3580 亿元人民币），同比增长了 79.3%；创业板新股发行募集 2185.98 亿元，同比增长了 41.9%；新三板新增挂牌企业数量 5067 家，比之前多了 1 倍；技术合同成交额首次突破万亿元大关，同比增长了 15.97%。如果仍然采取之前的监管模式，那么现在的监管资源将没办法满足激增的监管需求。“事中、事后监管困难”是当前全国各地行政管理部门普遍反映的问题。其实，政府的财政资源和人力资源有限，与互联网下监管主体的激增矛盾也是必然的结果。

二、很多企业的创新组织模式比较陈旧，这也是企业新旧动能转换的一个制约要素

目前，我国大部分企业都处于附加价值低端环节，高新产品进出口的主导方式依然是加工贸易。2015 年，在加工贸易主导的方式下，高新产品出口 2.6 万亿元，在同期机电产品出口中占比 63%；进口 1.5 万亿元，在我国同期机电商品出口中占比 44%。虽然和 2014 年相比，我国进出口总量中加工贸易的比例有所下降，但是因为我国技术水平和研发能力等方面依然比其他发达国家相对落后，我国高新产品进出口的主要贸易方式依然是加工贸易，这也说明了我国企业自主创新能力较差。

我国企业自主创新能力的制约因素主要有以下几点：

首先，在科技研发方法方面，有比较强的路径依赖，致使我国企业的主体地位比较薄弱。长时间以来，计划经济色彩一直渗透于中国创新体制中。自中华人民共和国成立之后，科技研发主要是一项政治任务，然后集中派发给科研院所、相关大学等科研机构进行研究，主要依靠行政命令统一管理，方法单一，管理水平低下。到了 1985 年，科技体制实行改革，实

现创新主体从科研机构和国有企业双主体向企业单主体转变，成为这一时期的改革核心。不过因为科技体系或者经济的发展依然有比较强的路径依赖，转型路程非常困难。根据科技部数据显示，在2017年度已经公示的40个专项拟资助的1078个项目中，高等院校获批项目占比36.6%，获批经费占比35.5%；科研院所获批项目占比40.1%，获批经费占比41.7%；公司企业获批项目占比23.3%，获批经费占比22.8%。由此可见，在创新资源的配置中，公司企业依然不占优势。在国家创新体系的构建过程中，企业技术创新能力薄弱的情况依然没有改变，依然是政府主导资源配置的结构模式。

其次，自主创新动力不足，过度依赖对外创新投资和技术知识。加入WTO之后，中国开始参与到全球竞争中，并积极嵌入全球价值链和全球创新网络中。在长期合作和技术的引进下，我国对国外新技术以及发展模式过度依赖，企业自主创新能力严重不足，使得我国企业的研发中心处于跨国公司整个全球创新链的低端，我国企业正常的研发活动受到严重的干扰，威胁我国企业的自主创新能力，甚至致使我国企业面临低端锁定的风险。

再次，企业创新组织的形式过于陈旧，国际化程度和开放性比较差。在国家大力支持以及国际市场激烈竞争的环境下，很多企业已经认识到了自主创新的重要性；但因为大部分企业在创新模式和组织方式上依然处于自封闭的状态，非常不利于企业自主创新能力的提高。不管是大中型企业还是小型企业，不管是产品创新还是工艺创新，其主要的创新方式依旧是封闭式的独立研究。这种传统的创新模式，封闭性、高成本性、排他性和低效性比较强。在现今技术革命和创新全球化的新时期，产品周期和技术创新周期日益缩短。在全球范围内，技术人才的流动性有所提高，外部创新资源的可用性也在提高。从长期来看，封闭式的创新模式将无法适应市场的变化和同行竞争，有被市场淘汰的风险。

三、科研成果转化的中试环节比较薄弱

科技成果的转化一般分为五个环节：技术研发、成果获得、中试、生产及商品化。其中，最重要的环节便是中试。在基础研究和实验室阶段的研究过程中，存在很多问题，如技术进步较小、参数不稳定、无法直接转化等，在产业化开发过程中还有技术不确定的较大风险。出于规避风险的考量，科技成果的需求方一般都不愿意引进或者投资这一类的科技成果，致使这一类的科技成果很难产业化。想要推广或者应用这一类的科技成果，中试是必须经历的环节。《科技成果转化法》便鼓励各企事业单位通过中试环节来实现科技成果的转化。从实践来看，我国在这个方面还比较薄弱，具体有以下几个原因。

首先，中试环节自身就存在着不确定性和风险性。中试环节需要历经的技术、生产和市场实验本身就有探索性、创新性以及失败率高的特点。即便是试验成功，中试环节只能获得一套成熟的技术和相关生产、市场的经验知识，而无法获得直接的经济收入，能否给中试生产主体带来利益仍然是个未知数。与此同时，与其他环节相比，中试环节所需要的创新资源投入非常大，其风险性也相对较高。

其次，在中试环节中，创新资源配置并不具有优势。中试需要一定的专业中试人才、试验生产设备、实验设备以及在线监测设备等创新资源。但是，我国大多数的创新资源主要集中在科技研发阶段，对于中间试验、工业化试验等关键环节的投入严重不足。科研院所和高校普遍缺少中试基地，大部分的科技成果都处在实验室阶段。如果想要应用到实际生产中，就必须要进行二次或者三次开发研制。作为科技成果需求方的企业，为了避免未知的风险，通常不再愿意引进或者继续投资这一类的科技成果。

综上所述，要想顺利进行新动能的转化，就必须要先解决以上几点问题。如此，才能够为新动能的转换创造良好的环境。

第三节　我国科技发展和释放新动能的政策建议

我国经济正处于从高速增长阶段向高质量发展阶段转变的时期，一定要重视优化经济结构，转变发展方式，转换增长动力，推动质量变革、动力变革、销量变革等。科技发展是第一动力，直接影响着新旧动能的转换。所以，我们必须抓住大好时机，加快新旧能转换进程。

一、加快政府监管制度的改革进程，打造为新动能转换服务的新型监管制度

我国新经济、新动能正处于不断地探索和试错阶段，也没有成熟的监管体系、经验加以辅助和借鉴。在新动能培育和发展过程中，对产生的新模式、新产品以及传统的竞争格局和利益分配格局带来了极大的冲击。对此，我们应该抱着审视包容的态度，运用底线思维，不断地将市场准入条件放宽。与此同时，在科技创新过程中依然存在大量体制机制的弊端，必须进一步深化改革，释放出新动能，降低在创新过程中企业所面临的制度性交易成本，提高企业的自主创新竞争力，让企业成为真正的创新驱动的主体，实现创新有意愿、有能力、有渠道。具体可参考以下几点。

首先，互联网经济下的新动能主要有两个特征：跨地区性和复杂性，这就需要充分的简政放权。现有的经济社会管理制度中注重上下层级的管理以及根据属地管理的制度，这对具有跨地区性的新动能管理并不具有优势，甚至会严重制约新动能的发展。所以，网络经济监管方法应该赋予地

方更大的自主权，在法律、行政法规允许的范围内，让地方政府根据各地的实际情况选择适合的监管方式，充分发挥出我国幅员辽阔、各地社会经济多样性的特点。由此，可以激发各地在监管创新方面的良性竞争，打造出全国各地争相鼓励创新的良好氛围。而在这个过程中，中央政府监管部门只要守住法律、行政法规的底线，防止各地保护主义措施，就可以实现对创新的促进作用。

借助互联网技术，互联网企业可以很容易实现把主要经营场所进行全国范围内的迁移。所以，在网络经济监管方面给予地方更多自主权，也给企业创造了有利的条件，可以“用脚投票”、选出最适合自己发展的监管环境。这对互联网经济的发展是极大有益的。

其次，互联网经济下的新动能还具有跨产业性的特征。必须要强化部门协同监管、多方参与，为新动能转换营造出良好的政策环境。现有的行业监管制度并不匹配互联网经济下跨行业、跨部门等实践的现实需求，应该调动多方参与，强化部门之间的合作、监管，促进良好政策环境的建立。政府部门、平台企业、社会组织以及消费者等，都应该在新动能的发展监管中起到积极的作用。

从政府角度来说，应该在支持鼓励创新的原则下，逐一完善、规范新的生产服务方式，依照底线思维，鼓励新业态的创新，把打造良好公平有序的市场环境作为首要任务；对于平台企业而言，应该完善并加强内部管理，通过大数据监管体系，对平台用户加强监管，在协同监管中成为不可忽视的一股力量，实现内生治理效应的外部化；对于社会组织来说，应该充分发挥行业自律，通过标准化的建设，以及构建良好的反馈机制，成为企业和企业之间、企业和监管部门之间的纽带；对于平台用户来说，通过评价和反馈机制实时监督平台企业，促进平台企业的良性竞争，推动新动能的良好发展。

再次，进一步创新监管技术手段，利用互联网和大数据对新经济进行监管。由于互联网技术的发展，互联网经济活动的进入门槛有所降低，“事中事后监管制度”已经很难对市场上日益增多的经济活动主体进行有效监管。应该从科技改造现有的监管方式出发，从以人力监管为主的传统监管方法慢慢转向以信息化技术和互联网平台发展为支撑的新型监管方式。创新监管技术手段，大批信息孤岛，建立起一套用数据说话、用数据管理、用数据决策、用数据创新的监管新机制。具体来说，一方面，要加快全面实行政务活动网络化、信息化、虚拟化的步伐，尤其是涉及企业和群众日常办理的事务，应该竭尽所能地都在网上进行，让信息多“跑路”，让群众少“跑腿”；另一方面，逐渐对数据进行自动化流程管理，最终做到精准管理。与此同时，还要构建国家级层面的信用平台、数据平台、消费者保护平台等，通过平台化的治理方式，来提高政府监管水平以及提升服务全社会的能力，从根源上打破信息孤岛。

二、加强中试环节的建设，推动科技成果的转化

健全相关政策法规，加大对科技成果中试阶段的资金资源投入。具体来说，可以从以下几个方面出台支持政策，如财政、金融、税收、平台建设、土地、成果评价、人才引进、知识产权保护等，对这些方面加大扶持力度，支持建设技术加工基地，大力发展技术加工产业。对于那些有能力的科研单位，鼓励它们建设工程中心或者是中试基地；鼓励支持科研单位在其所创办的或者持股企业的基础上建设中试基地或工程中心；鼓励科研单位联合政府、企业、中介机构等建设工程中心或者中试基地；鼓励有能力的企业自己建立中试基地或者工程中心；鼓励企业联合科研单位等建设工程中心或中试基地等。改变科技成果的评价导向，从之前的单纯重论文、重专利慢慢转为理论研究成果、实验室成果和技术加工成果、产业化

应用并重。

创新体制机制，推动中试资源的共享，优化全国中试资源配置并加以高效利用，提升我国科技成果的转化能力等。尽快建立起能够促进开放共享的激励引导机制。管理单位还要进一步对外提供开放共享服务，能够销售进口中试设备的免税政策，允许中式设备税前就可以加速折旧；管理单位可以对中试服务收取相应的运行费和服务费，减免征收所得税；允许将对外中试服务产生的收入纳入管理单位的预算中，在符合监管条件的基础上，允许把这些收入用于单位的其他科研活动中。构建统一开放的中试资源网络管理平台，对分散在企业、高校、科研院所的中试资源加以梳理和整理，并将其纳入平台管理中。依照统一的标准和规范，建立起中试资源在线服务平台，将中试资源的使用方法和使用情况公正公开，实时提供在线服务。建立完善的运行和开放情况的记录，并且还要及时将中试资源开放制度以及实施情况向社会公布，包括中试资源的分布、利用以及开放共享情况等信息，逐渐形成跨区域、跨单位、跨行业、多层次的中试网络服务体系。

用“双创”带动中试环节的发展，激发和调动广大科技人员的积极性，为新旧动能的转化创造良好条件。充分利用好人力资源，在“双创”中积极鼓励科研人员自主创业，或者联合其他企业创业，或者采用产学研结合的创业方式等。将各类技术转移服务机构的作用充分发挥出来，推动科技成果等创新资源和大学科技园、众创空间、孵化器等方面的对接。在政府的支持下，大力推动信息发布系统以及成果对接信息服务系统的建设等，降低大众创业、万众创新的门槛，给每个人跨进去的机会，构建规则公平、机会公平的创新体制，打造公平公正的创新环境。

三、深化科技体制改革，优化创新环境，培育创新型人才

首先，科技领域是需要不断创新的领域，深化科技体制改革，通过改革激发出创新动力，提升创新体系的效能，突出创新平台的支撑作用。第一，加大对中小型企业的支持力度，对具有发展潜力的科技型、创新型中小企业进行资金引导，加快新旧动能的转换速度；第二，改革评价机制和管理机制，简化不必要的管理流程，改革科研立项的措施以及实施方式，以此调动科研人员的积极性，推动产学研用的一体化；第三，将创新平台的支撑作用突出来，汇聚人才、资金等。

其次，要优化创新环境。党的十九大报告指出“倡导创新文化，强化知识产权创造、保护、运用”。第一，建立相关的重大经济活动知识产权评议制度，推动知识产权的各项保护制度的落实。第二，优化技术创新的支撑体系，健全相关法律法规，将技术创新引向市场化和专业化方向。第三，优化创新的外部环境，加强国际间的合作；但要既能走出去也能引进来，在合作过程中不断积累经验，学习消化国外先进技术和经验，为实现自主研发做好充足准备。

最后，培育创新型的人才。要想实现新旧动能的转换，科技创新是核心，培养创新型人才是关键。第一，进一步开放人才政策，培养、打造一批能够具备国际水平的战略科技人才，挖掘科技领军人才，鼓励支持青年科技人才以及高水准的创新团队。择天下英才而用之，积极引进创新人才，能够聚集一批可以站在行业科技前沿、具有国际视野和能力的领军人物。第二，营造良好、包容的环境，为科技创新发展打造最有利的氛围，将阻碍创新的条条框框和旧时规矩全部消除，充分保障科研人员的合理权益，为科研人员提供充分自由的时间和空间，可以让他们心无旁骛地投入到科学技术的研究工作中，将自身才能最大限度地发挥出来。第三，创新

人才引进方式，拓宽引进领域，积极引进人才和资本、技术和资本协同的项目，实施引资和引才并重的战略。与此同时，还要大力提高企业的自主创新能力，鼓励企业积极参与到科研过程中来，加强企业与企业之间的协同合作，为科技成果的转化创作积极有利的条件，提高科技研发的质量和效率。

第九章

我国智能制造与新旧动能转换

第一节　智能制造概述

2013年4月，德国提出了“工业4.0”的概念，以制造“+互联网”技术为基础，这被认为是第四次工业革命的开端。美国在2016年2月发布了《国家制造创新网络计划》，目的是培育美国先进的智能制造，提高美国制造的竞争力。法国在2013年9月推出《新工业法国》的战略计划，目的是法国工业的转型升级。2013年10月，英国推出了《英国工业2050战略》，制定了英国未来30多年的制造业发展战略。毫无疑问，很多发达国家还有发展中国家工业的未来发展方向无一不是瞄准了制造业行业，日本早在1990年4月就提出了“智能制造系统IMS”国际合作研究计划，有100多个项目纳入前期研究计划。

为了让我国成为制造业大国建设成为制造业强国，2015年，我国制定了《中国制造2025》——第一个十年行动纲领，将信息技术与制造技术深度融合，发展智能制造。智能制造的实施，依托于互联网、大数据、人工智能等信息技术，是当前企业转型升级的有力工具。

什么是智能制造呢？智能制造的核心是什么？在前三次工业革命中，工业制造有五大核心要素：人、机器、材料、方法和环境。人是驾驭所有要素的核心，机器包括精度、自动化和生产能力；材料包括特性、功能等；方法包括效率、产能等。这些要素是围绕着人的经验展开的，无论生产系统在技术上有多么大的进步，制造业运行的逻辑是发生问题的人根据经验分析问题，调整要素，解决问题，积累经验。智能制造跟以往的制造不一样的地方有第六个要素——建模，模型代替了人的作用。模型能够分析问题，解决问题，自行调整，避免问题再次发生。智能制造是先进制造业发展的最新形态。

智能制造源于人工智能的研究，当然并不是要完全代替人的功能。“一般认为，智能是知识和智力的总和，前者是智能的基础，后者是指获取和运用知识求解的能力。”智能制造是一项综合系统工程，包括智能制造技术和系统，系统具有自主学习功能，搜集与理解环境信息和自身信息，并能进行判断和规划自身行为的能力。智能制造在传统技术的基础上，运用互联网技术、云计算和大数据等信息化技术，在人的核心指导下，在生产过程中，进行诸如分析、推理、判断、构思和决策等行为，实现企业管理过程的智能化、柔性化和高度集成化。例如，人们感冒的原因不同，有人是外因，如被风吹雨淋；有人是内因，如体内的病毒。智能制造能够根据具体原因生产制造出最适宜人体的药物。

智能制造将互联网技术和互联网的思维模式引入我们的经营管理中，实现了生产经营的智能化和自动化。我们的日常生活和工作中产生了大量的信息和数据，在众多的网络平台，人们留下了大量的消费信息和个人信息。这些数据通过专业的技术处理、分析，最终让企业实现智能化生产。智能制造首要的是在传统经典的管理技术下，建立标准化的管理体系。智能制造的系统在设计时需要遵循一定的管理原则，将管理技术在系统中进行工具化和智能化。很多国际化的大公司很早就实现了先进的仓储设计，拥有智能化、自动化的仓库管理。

制造业要和互联网进行深度融合。设备联网系统是智能制造实现的重要手段，制造自动化是智能制造的发展方向。人工智能技术在制造过程的环节中得到广泛的应用，如生产过程设计、生产调度、故障诊断等。人工智能技术对于解决复杂问题和不确定问题相比人类具有很大优势，能够减少人为干预，具有很高的可控性，可以提高产品质量；同时，它还具有采集、分析、判断和预测的功能，自行协调和优化。在企业制造过程中实现智能化，多智能的工序形成了智能生产线，形成了智能车间，甚至是智能工厂。显然企业的全部智能化目前尚难实现；但是，推动传统产业结构调整和升级则迫在眉睫。我们要全面发展工业的新业态，建设新型的智能制造产业，推动创新，建设新的增长模式，在国际竞争中赢得一席之地。

2015 年 9 月，我国就开始推动智能制造示范项目的进行。企业建立标准化流程，然后在自动化、信息化的系统中，实现流程的自动化，逐渐进行产业结构改造和升级。企业一定要重视标准化的建设，只有在标准化的基础之上，企业才能实现智能制造。现在人们拥有很多智能产品和具有复杂功能的商品。对于生产者来说，产品结构复杂化、精细化，以及功能的多样化，导致产品的设计信息量增加，工艺要求变高，生产设备和生产线的信息也大量增加，制作过程和管理工作的信息增加。所以，必须引进能够处理更多信息的智能设备系统，智能系统可以提高信息的处理能力和生产效率等。

在产品的生产过程中，大家所能知道的是投入原材料、能源，然后获得产品。生产如何进行，怎么生产才是最有效率、最省钱的，绝大多数消费者包括制造商可能都不了解。所以工厂产生的很多问题就是信息不透明导致的，很多有用的信息被掩盖，决策者无法得到有效信息作出正确决策，导致企业蒙受损失。此外，信息不透明还会导致成本增加，生产效率难以提高，产品质量无法提高。为了提高效率降低成本，转型升级是企业必经之路。智能制造让企业的生产过程变得透明可视，生产过程获得了正确的数据信息，让管理者作出合理的决策，将可能产生的问题扼杀在早期状态。

工业制造业的制造系统从原来的能量驱动逐渐转变为信息驱动，此外，在企业内部，特别是大企业，由于组织的精细化，管理职能区别明显，每个部门、职位的信息系统不同，如生产系统、销售系统、财务系统等。不同的信息系统导致了企业内部信息无法全面流通，那么信息无法共享导致了很多问题，如订单的处理、产品的生产控制等。智能制造能够打破不同部门的隔阂，让所有环节共享信息，让各部门在获得充分信息的基础上进行工作。对于企业来说，数据流、任务流、资金流和物流等全面贯通，建设柔性的制造系统，可以加快产业的改造和升级。

作为一种全新的制造管理系统，智能制造是时代前进的必然产物。不仅是制造业内在发展的必然趋势，也是市场发展的演变，要求企业有大智慧和大改变。从市场的演变来看，企业和客户借助互联网能够更加容易地交流，企业的信息、客户的信息都能相互传达给对方。对于企业来说，研究消费者的消费心理和消费习惯，才能在未来的市场竞争中持续盈利。为了处理众多的数据信息，企业必须在传统管理技术基础上升级，通过自动化、信息化和网络化进行管理。企业的商业模式和盈利模式都必须不断更新。

2016 年以来，市场和客户的需求受到消费升级的影响，变化越来越明显，如大订单减少，个性化的订单增多，产品的种类和质量要求更多、更高，这就要求企业必须作出调整供应链，制造出适合市场需要的产品。优秀的企业已经意识到了市场发展的趋势，进行了内部生产与管理的数字化、自动化、信息化的建设。如柔性生产，面对小批量多品种，高质量快速地交货。企业内部尽量减少库存。借助互联网，企业与客户建立更紧密的联系，让客户能够直接下单，省去中间商环节。在产品制造环节，如在产品研发时引入数字化，通过互联网，客户、生产部门、销售部门能够发表意见，甚至多部门协同研发，可以缩短研发周期，集思广益也为研发人员带来更多的创意和思考。产品研发的数据能够自动化地转变为生产数据，通过智能化系统管理，自动生产，质量监测智能系统进行产品检测，提高了生产效率。企业直接将产品通过互联网销售送到客户手中，通过互联网的反馈，企业能及时获得客户的使用数据，对产品是否进一步生产、生产数量、销售地区等提前进行布局。国家从各个方面一直在鼓励企业进行产品和服务创新，激发客户的潜在需求，从而促进消费。

智能管理是高度综合性的管理工程技术系统，涉及信息技术、自动化技术和管理学、经济学等学科。在进行设计时，最好先制定好整体架构，然后设计出详细的子系统。智能管理是为了让企业在运行途中面临竞争和挑战时能够从容面对，构建系统模型来推进企业的智能制造。智能制造促进企业供应链、生产链上的企业各自发挥其能力优势，实现优势互补，实现技术创新、商业模式创新和盈利创新。

很多人对智能制造存在理解上的误区。第一，智能制造不是自动化制造，自动化是智能制造的一个重要特征；第二，3D 打印不是智能制造，智能制造具有可预测性、可加工性和生产力提升性；第三，智能制造不是“互联网+”、云计算和大数据。智能制造的内在核心制造系统是能够学习人类经验并且能够替代人分析问题、形成决策和积累经验，避免问题再次出现的高度智能系统。

智能制造是未来制造业发展的核心内容和重大趋势，我们必须加快工业发展方式的转变，促进工业制造业的升级，将我国从制造业大国尽早打造成制造业强国。

第二节　我国智能制造的现状与特点

智能制造是当前全球制造业发展的大趋势，我国的制造业也面临这一历史性的重大转折。第四次科技革命和产业变革促进了智能制造在全球范围内的发展，智能制造推动了新的生产方式、产业形态和商业模式等。发达国家已经提出了“再工业化”的战略，将智能制造上升到国家经济是否能再次焕发生命活力的重要层面，积极培育智能制造，力求赢得新一轮的国际竞争。

我国的制造业在新中国成立初期就已建成种类齐全、完整独立的体系，目前规模已达世界第一；但一直有一个问题，就是大而不强。我国制造业是发达国家的加工厂，很多是进行加工生产的劳动、资源密集型工厂，而不是研发技术；即使行业很繁荣，但关键零部件仍然需要进口，基础的工艺也需要照搬国外。在利润方面，我们的制造工厂只能获得很少的利益。我国的制造业缺乏创新和标准化生产。随着我国经济发展进入新常态，经济疲软，增速下降，结构调整阵痛等，暴露出了我国经济增长长期以来依赖资源性投入的粗放型发展模式难以为继。人力资本增加、能源成本越来越高，制造业必须向智能制造转型升级。

在国家的鼓励支持下，2015 年，我国成立了一系列的智能制造业试点、在一些领域取得了成绩，如高性能大型金属构件激光增材制造装备、分布式控制系统等一些关键技术与装备。此外，有很多领先的工业企业呈现了业态模式创新，实现了从研发到生产，从销售到使用过程的数字化转换和智能化生产，如青岛啤酒。青岛啤酒股份有限公司成立于1993年，其前身是1903年德国和英国商人合资建立的企业。青岛啤酒有100多年的历史了，并且其生产的啤酒远销美国、欧洲等国家和地区。青岛啤酒有限公司采用国际一流的啤酒生产设备，形成自动化流水线，从原材料开始直到成品酒出厂，全过程实现了自动化和信息化。不仅如此，青岛啤酒还建成了从需求构建、生产控制到物流管理的一体化产销链条。在销售旺季，青岛啤酒有限公司借助预测模型“销售预测与计划管理系统”、大数据等信息化手段，并且根据季节、促销和地区等因素，制定出不同区域的销售数额。生产计划反馈到工厂，工作人员使用“集中生产管理系统”把生产信息与车间作业指令直接关联，从原料选配、麦汁发酵、原浆过滤到包装，实现生产全过程数据自动采集，为不同作业阶段提供精确的管理控制方案。啤酒按需生产出来之后，数据进入“现代化仓储和智能物流管理系统”。公司采用自动化传感和手持操作设备，可以实时记录物流情况，对于日后的质量追溯也能作出保证。

青岛啤酒有限公司自2008年开始启动智能制造项目，针对啤酒生产做出了六大改善，分别是效率改善、质量改善、品质改善、队伍改善、安全改善和资源改善，流程化的智能制造体系进一步优化了六大改善，增强了企业的综合实力，实现了青岛啤酒打造“一流啤酒制造”工厂的宏大目标。通过流程化的智能制造体系，青岛啤酒有限公司成功通过工信部两化融合管理体系评定审核，成为国内智能制造示范的标杆企业。除青岛啤酒之外，不断涌现出制造业的新业态、新模式，并且在一些领先的大工业企业中出现了价值链的业态模式创新。制造业追求的是工艺的卓越，而在智能制造系统下，不仅会不断涌现出卓越的工艺，研发到生产、销售以及产品使用过程也能纳入智能制造系统中，实现数字化、自动化、智能化。

在传统制造业，有很多大企业确实抓住先机，导入了智能制造技术，出现了业态模式的创新。但是中国大多数还是中小工厂企业，如果对中小工厂进行智能化升级改造，投入的资金、时间和技术成本价值十分高昂。我国制造业的主流就是这些中小企业，盈利能力差，没有足够的现金流和现金的技术手段，甚至没有先进的管理手段，但是它们对降低成本、提高效率的需求却是最迫切的。它们亟须产业的转型升级，否则可能会在接下来的竞争中无立足之地。面对这种现状，要为中小企业找到一条切实可行的智能制造路径。对于中小企业来说，不要求自动化的智能生产，而是首先对企业的流程进行梳理和优化。很多制造业的业务流程十分混乱，需要先进的智能制造系统帮助其规范和建立新的流程。如如何处理订单；在订单量大、时间紧急的情况下，该优先处理哪些订单；如何收集客户信息。这些需要有知识和经验的人来操持，个人的判断能力很重要，但只要引入智能制造技术系统就能帮助企业在信息透明和管理精细化方面做出具体的改善。在智能制造技术系统中有关于处理订单的模型，只要设立了不同的订单处理规则和逻辑，就能根据现有条件进行选择，如交货日期优先、原材料优先等，在使用过程中即使出现变化也能及时调整。智能制造系统带给人的方便就像现在的智能手机地图，如果我们要去一个地方，只要在地图里输入地名，地图就能帮我们找到最优路线。我们可根据交通工具、时间、距离来选择最适合的方式，并且能及时做出调整。

智能制造在工厂企业需要连续加工领域是发展最好的，因为领域本身十分适合信息化、数据化，如青岛啤酒流水线、汽车流水线等，而在没有流水线的领域里面，智能制造的发展则遇到了一系列问题。

在物质匮乏的时代，消费者没有多少商品可供挑选，工厂可以大规模地生产，质量要求也不高。当物资十分丰富的时候，数量不再是优势，而可能会在仓库落灰。我国的制造业已经到了必须转型的时刻。过去是一路狂奔，只看重速度和数量，现在则必须选择速度和质量了。制造业必须从中低端的价值链转向高端的价值链，提高竞争能力，但是很多企业管理者本身还是缺乏先进的精益管理理念。工厂信息化、智能化的实现，取决于企业经营者和管理者的理解和能力，企业经营者和管理者不仅要重视企业的信息化、数字化，还要学习供应链管理、工程管理等。

智能制造要解决的核心问题是知识的产生和传承过程，在互联网、云计算、大数据发展越来越快的今天，知识创新也十分重要。在文化创意产业，内容创业创造出了巨大的消费市场。关于制造业，也在进行内部创业创新，毕竟简单重复的劳动会被机械化和自动化所代替。在时代的巨变之下，制造业也要符合市场和客户的需求不断创新，创造出新的产品和需求，才能在企业的未来竞争中占据一席之地。在大工业企业建设智能化工厂的同时，中小企业也要发扬工匠精神，对产品精耕细作，向深度拓展，在自己的领域取得不可替代的地位。

智能制造也是一种新的商业模式，智能制造省去了中间商，让工厂可以“亲密”地接触消费者，为消费者奉上个性化的高质量商品。为了更好地生存和发展，企业需要分析和强化自身的优势，更加紧密地联系客户，为市场和客户提供高质量的服务和产品。智能化、数字化和信息化就是企业提供高质量和服务产品的最佳手段。很多企业也意识到了必须建立智能制造系统，重视用户体验，提供高质量产品，企业才有美好的未来；但是，在这样一个大变革时代，很多经营者由于受到知识和经验的限制，无法意识到智能制造的趋势，还处于迷茫之中，那么只能在时代的大浪中被打翻。

制造业智能制造时代的到来，对于消费者来说，绝对是一件好事。消费者不仅能够享受到为其量身定作的产品，而且价格便宜，物流迅速。目前，智能制造遇到了一些问题，如个性化定制的成本。如果个性化定制的数量少，生产成本就高，目前这个问题还没有很好地解决。此外，各行各业都有属于它们的特殊问题，局部的智能化、信息化无法复制到其他行业。很多行业的智能化建设和应用水平参差不齐，并且存在很多薄弱环节。有的行业并没有真正地将互联网技术、数字化技术深度融合到产品的优化设计和生产过程的控制与管理以及设备的优化中。

由于智能制造是一个理论和实践相结合的探索过程，行业间既存在共性，也存在个性，如何实行智能制造系统的技术，就是在实践的过程中产生发展起来的。制造业最好充分利用互联网、物联网、云计算和大数据等技术，建立起以这些技术为基础的数据中心和服务平台，尽快实现优化管理、柔性决策；但是，我国制造业的智能制造之路刚刚起步，这必然是一个循序渐进、不断摸索的过程，需要不断地“修炼内功”，推动创新，降本增效，全面推进制造业的品质革命，为中国制造业创造出一个光明的前景。

第三节　我国智能制造的发展展望

智能制造是我国实现制造业强国目标的重大战略机遇。在面对劳动力价格上涨、能源价格上涨、资源紧张的情势下，智能制造能够提升生产效率，实现制造业的可持续发展，将中国制造业大国推向制造业强国。

但我国制造业技术积累不足，制造业面临严峻的挑战。第一，智能制造的基础研发能力薄弱。中国的制造业大多数是中小企业，是发达国家的加工工厂，智能化的软件和硬件的关键零部件依赖进口，缺乏自主研发创新能力。第二，智能制造依然处于初级起步阶段。我国的工业企业长期以来依靠廉价的劳动力、丰富的原材料，采取的都是粗放型的经营模式，在国际市场上竞争主要优势是价格低，处于价值链低端。很多企业对于使用智能制造系统的认识和了解动力不足，而且由于智能制造系统投资大、技术水平要求高，只有一些大型工业企业，特别是流水线企业才能引入，智能制造能为它们带来更大的收益。所以，目前整体的智能制造体系的战略思维还没有形成。第三，人才缺乏。不仅缺乏高级技术人才，也缺乏领军人物。

虽然我国的智能制造面临众多挑战，但是为了形成核心竞争力，实现经济的可持续发展，必须痛下决心，实现智能制造的远大目标。推进智能制造是一项复杂而庞大的系统工程，需要不断探索，不断试错。智能制造需要长久努力，做出长远规划。因为整个制造业在我国国民经济中是重中之重，对于其发展既要有足够的资金、人才和政策支持，也要保持耐心，坚定意志，坚信智能制造有一个光明的未来。

我国智能制造的发展展望有以下几大趋势。

第一，产业组织模式的变革对现有的工业体系重新进行梳理和建构。信息时代制造业的创新特点发生变化，科研工具逐渐智能化、数字化、自动化。创新不是一个人能够完成的，而是需要团队的协作，才能处理众多复杂的信息。用户的意见也变得越来越重要，并且逐渐参与到创新中去。技术更新的周期越来越短，创新速度加快，创新应用于实践中，周期也越来越短，用户喜新厌旧。创新的研发手段逐渐地网络化、虚拟化。中国现有的种类齐全的工业体系逐渐瓦解，智能制造重构新的组织模式，涌现出大量的新业态、新产品。制造业从原来的制造工艺方法和产品的设计发展成为功能体系和信息处理系统，在智能技术不断发展的基础上，设计、生产、管理和服务全部向智能化的方向转型升级。

未来智能制造技术发展可用于“智能工厂”“云制造”上面。未来的智能工厂由两大系统构成：物理系统和信息系统。物理系统是实际的生产系统，信息系统则是指导生产的系统。互联网和物联网分别是智能工厂的桥梁和通道，传递信息，运送货物。即使设备分散在世界各地，智能工厂都能通过网络远程遥控运行，不再受到距离和位置的限制。在大数据时代，云计算能够更加高效、快速地处理大量信息和数据，为智能制造提供高效准确的计算能力。云制造也将成为未来制造业发展的重要组成部分。

第二，规模庞大的多种需求不断被创造出来。我国的市场庞大，为新技术的孕育提供了必要的市场支持。对于智能制造的智能化、信息化的个性化产品有很大的发展空间。当前制造业的生产规模逐渐向多品种、小批量的柔性方向发展。个性化定制产品将会成为主流，根据个人喜好，用模块化标准产品为消费者打造高品质、高性价比的专属之物。

第三，智能服务将成为未来智能制造的中心业务。智能服务是根据客户的需求主动对客户制作最适合的服务。如现在的很多购物网站，根据客户之前浏览的网页，在大数据分析之下，为客户推送他想看的信息。智能系统采集客户的原始信息，当积累到足够多的客户信息之后，分析加工数据，构建需求结构模型，主动推送给客户。这种推送的精准度很高，除被动地传递和反馈之外，系统还会主动地进行多维度、多频次的推送，深入主动地辨识，以求精准。在消费之后，智能系统还会自动地服务升级。与人力成本相比，建立智能服务体系能最大限度地节能降耗，降低企业成本，给企业带来更高的收益和更高的价值。

我国的服务业一直处于较低水平，但随着国民消费水平的提高，对服务质量的要求也越来越高。服务行业的水准短时间内无法提高，智能服务就是在此时站在客户角度，主动地按需服务，为老百姓的日常生活提供了极大的方便。

智能服务大多数是远程服务，就是我们每个人都受益的网络服务。随着互联网技术的发展，设备智能化已经走向了千家万户，设备供应商能够通过互联网对用户设备进行远程诊断和服务，降低了设备运营的成本，消费者也享受到了快速反应的服务，设备智能化也在不断升级。

第四，智能制造实现了制造业与服务业、虚拟与实体的相互融合。智能制造是一个综合体系，实现了虚拟与现实、作业与管理，还有信息化和自动化的相互融合。通过智能制造系统，可以将物流、设计、工艺、制造和设计等通过虚拟环境，同厂房、车间、设备、路线等实体环境进行融合，让其相互影响，相互作用，发挥出最佳效果，并且这个过程逐渐透明化，为管理提供策略支持，提高了生产效率，降低了成本，也提高了企业对市场的反应能力。不仅及时将产品送到消费者手中，还能根据消费者的需求减少库存。

智能制造提升了消费者对虚拟环境的感受能力，如最近兴起的 VR 技术，利用人体工程学、多媒体技术、生物技术和网络技术等在计算机中设置出虚拟环境，让消费者通过触觉、听觉、嗅觉和视觉，在虚拟环境中产生能够在现实中产生的身临其境的感受，获得真实的身体体验。

智能制造促进了作业与管理的融合，通过资源和生产计划、供应和制造体系的融合，对客户的需求进行评估，寻找最优的制造模型。在生产过程中的生产数据、工艺参数、设备运行参数等，还有使用过程中客户的体验、投诉等参数，为研发和服务体系提供改善的基础数据，让数据和管理紧密结合在一起。智能制造体系系统产生了大量的精细化数据，通过对这些数据的分析，改善了企业的运营，让经营者做出正确的决策。

智能制造体系促进了信息化和智能化的融合。在企业中，实行决策、运营和执行系统的融合。自动化为信息化提供了数据支持，信息化指导自动化。通过自动化的应用，劳动强度有所降低，操作的安全性大大提升，减少了人为差错，也降低了用人成本。自动化促进了信息的透明化，让每一个环节都有迹可循，提升了管理效率，优化了组织架构；企业的管理水平也得以提升，进而竞争力增强。

智能制造是我国未来制造业发展的趋势，有些产业已经在使用智能制造的技术和系统，获得了巨大的发展，也为消费者的生活带来了极大的便利。但是我国在智能制造技术方面与西方发达国家仍然存在不小的差距，如传感技术的应用、自动化技术、人工智能等。所以，我国必须自主创新完善智能制造的技术体系。目前，我国已经制定了一系列的智能发展计划和智能技术的发展规划战略。智能制造的发展必须上升到全民层面，让全民意识到智能制造的重要性，从观念上引导企业自主研发智能技术和智能系统；国家还需要投入资金和人才，鼓励创新，减少阻碍制约智能制造技术发展的制度障碍和创新障碍，保障知识产权，优先发展智能化企业。

未来的智能制造需要大量的人才，特别是大量软件和硬件的技师技工人才，将青年人吸引到智能制造的潮流中，发挥其聪明才智，让年轻人为之持续努力奋斗。此外，还要派遣优秀的人才去国外深造学习，不断创造良好的学习环境，带动他们往智能领域发展。在全球化的经济形势下，我们还要引进国外的人才，通过组建科研团队和建立实验室的方式，给予他们尊重和物质保障，让他们无后顾之忧。

第十章

我国节能环保产业与新旧动能转换

第一节　产业技术特征与产业经济特征

我国经过改革开放的高速发展，资源环境方面的问题比较突出，对我国经济的可持续发展造成了负面影响。要解决我国资源环境方面的问题，就必须促进我国节能环保产业的健康发展，培育出一批具有核心竞争力的环保企业。随着国家对节能环保产业的重视，近年来我国节能环保产业的发展速度比较快；但是，我国和发达国家相比还存在较大差距。据专业数据显示，预计2020—2030年，全球的节能投资将达到5.6万亿美元。在全球的节能环保产业中，美国首屈一指，美国这一产业的市场规模在2030年预计将达到7万亿美元。众所周知，美国的科技力量雄厚，之所以能走在节能环保的前列，主要是美国注重用科技来武装环保企业，以促进其效率的提升。对于我国来说，节能环保产业的发展具有两个方面的重大意义。一方面，它可以促进新动能的发展，因为这些具有高科技技术的环保产业代表了我国的新动能，在我国转型时期成为经济发展的生力军；另一方面，我国传统行业的发展仍然需要环保产业注入新的活力，为其提供服务，通过节能技术的改造，这样传统产业一样可以焕发生机。因此，要把握好我国环保产业的发展特点、目标，重视它的发展方式、发展途径等。例如，对环保产业的技术特征和产业特征进行准确的把握，这样才能找到合适的方法去解决我国节能环保产业在发展中存在的问题，最终才能提升我国环保产业的发展水平，促进行业不断地提升增长动力。

一、产业技术特征

1. 节能产业概述

节能的概念不只是停留在经济效益上，而且还注重社会和环境方面的接受程度。它是运用现实可靠的应用技术来达到的，其中高科技的运用是最重要的因素。在能源的利用上，它不仅注重设备使用的效率，同时也注重工艺的能量利用效率。通过对产业的能源类型进行把握，对能耗现状进行详细分析，最终找到节约空间，并使用应用技术来解决问题。节能环保产业实现节能主要从两个方面来完成，一个是技术的运用，另一个是设备的更新换代。首先，从节能技术的范畴采取措施提升效能。全球领先且已经得到应用的节能技术包括节电技术、节气技术、节水技术、节煤技术、节油技术、工艺改造节能技术等；同时，按照应用领域分类可以分成五大方面，如家庭能耗节能、工业能耗节能、大型建筑节能、市政设施节能、交通运输节能（见图 10-1）。其次，节能设备的更新换代，因为节能技术不同，节能设备的种类也有所不同。

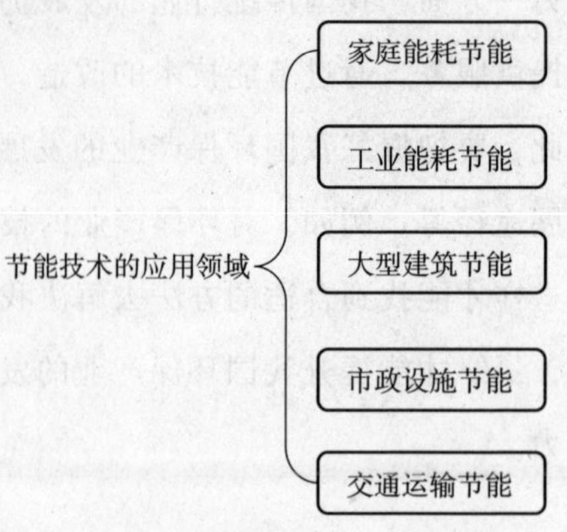

图 10-1　节能技术的应用领域

2. 环保产业概述

环保产业是以对环境污染的控制、改善环境、保护自然资源为目标，涵盖自然保护开发、资源利用、技术开发、商业流通、信息服务、产品生产、工程承包等活动。因此，它是一个综合的新兴产业，在产业、领域和地域上都呈现出跨界合作的特点，而且环保产业还与其他经济部门之间有交叉和渗透。

环保产业的分类主要有四类：一是固废产业；二是污水处理产业；三是大气处理产业；四是环境监测产业。这是资本市场常见的分类。我国还有一种比较常见的分类，包括三个方面的内容：一是环保设备或者产品的生产与经营；二是资源的综合利用；三是环境服务。除以上两种分类外，目前还有一种以可持续发展为出发点的新分类，包括四个方面的内容：一是自然资源的开发与保护；二是清洁生产；三是污染源控制；四是污染源治理。

3. 节能环保产业的特点

节能环保产业作为经济发展中的战略性新兴产业，起到了领头羊的作用，主要具有四个方面的特点：一是高渗透性，二是跨行业性，三是外部性，四是政策导向性。

二、产业经济特征

我国节能环保产业的经济特征主要是从它们的供给和需求两个方面来分析。从产品、成本、技术三个方面把握好节能环保产业供给的现状和问题；从需求结构、需求弹性、影响节能产业需求的动能因素三个方面对节能行业的需求特点进行把握；从固体废物、废水处理、大气处理、影响环保行业需求的动能因素四个方面对环保行业的需求特点进行分析。分析这几个方面的内容，可以对我国节能环保行业的产业经济特征有全面的了解。

1. 节能产业的供给特点

我国节能环保产品主要应用在两个领域：家庭和工业。技术先进、安全便捷是家庭中节能环保产品的特征，工业中的节能环保产品除以上特征外，还具有适应领域广泛、需求大、规模化等特征。节能环保产业的成本非常高，主要是靠高新技术支持的研发成本高昂；同时，因为市场需求的不确定性，节能环保产业在初期的生产成本也居高不下。所以，这个行业的发展必须以重大的技术突破为基础，这样才能迅速占领市场，在旺盛的市场需求的作用下，成本就会大大降低。节能环保产业的技术升级主要体现在专利申请量的变化上。节能环保产业作为我国七大战略性新兴产业之一，它的技术随着这些行业创新技术的发展水平的提升也在不断地提升。近年来，我国的战略性新兴产业总体上的创新力量随着专利申请量和授权量的上升在不断地增强。2010—2014 年，专利申请量年平均增长率达到了 20.08%，同时授权量的增长率为 13.82%。而且这些行业的创新力量中的国内申请量、授权量的占比在逐年提升。专利申请量在2010年为66.73%，到2014年则为77.35%；授权量在2014年的占比比2010年提升了10个百分点。节能产业的发展速度与这些行业一样，呈现出快速发展的趋势；同时，还需要明确的是，我国节能产业的发展呈现出区域发展不协调的特点，发达的东部地区的节能产业走在全国前列，而西部地区的发展相对落后。

2. 环保产业的供给特点

环保产业的产出形式主要包括两大类：一是环保设备，二是环保服务。而且环保产业的成本特征与节能产业一样，都是属于资金需求比较大、技术需求很高的行业，主要体现在环保产业的产品和工程两个方面的供给。环保产业的技术特征，主要是通过固体废物处理产业、污水处理产业、大气治理产业三个方面的技术特征来体现。

以固体废物处理产业为例，主要分为两大类。

一是综合利用，分为回收利用和循环再生处理两种处置方式。回收利用的优点是粗资源化、处理方式简单直接，但是它也有自身的缺点，固化体被破解后，废物会重新进入环境。这就导致资源利用率不高，容易造成浪费。循环再生又有两个小的分类，一是分解提炼技术，二是直接填埋技术。前者的优点是精资源化、防止潜在可用资源浪费，缺点是技术复杂成本比较高；后者的优点是处理费用低而且方法简单，缺点是容易造成地下水水源和土壤污染。

二是处理，分为卫生填埋和焚烧、热解技术两种。前者的优点是投资少，有巨大的容量，见效较快；缺点是解决不够彻底，风险存在的时间较长。后者的优点是节约用地，处理量大，技术也比价可靠；缺点是焚烧会带来二次污染。

污水处理产业技术主要以作用原理来分类，即物理法、化学法、物理化学法、生物处理法四种。

大气治理技术特征主要以烟气脱硫技术为主，种类非常多。按脱硫过程的不同和脱硫产物的干湿状态来分有三个种类，即湿法、半干法、干法。其中，湿法脱硫技术目前比较成熟，效率很高，操作也简单，其他新兴的脱硫技术还需要通过研发试验并不断地投入工业验证，最终才能得到提升。

3. 节能产业的需求特征

节能产业的需求结构主要分为两种：一种主要是终端消费者对节能产品的需求；另一种主要是中端企业对节能技术、节能设备的需求。从节能企业来分析，仍然是以华北和华东地区为行业的主导。以 2015 年节能服务公司的百强企业为例，以上地区占比为全国总数量的 73%。而且从服务公司的节能量来分析，以上地区在全国的占比为 59. 7%，同时，西南地区的节能量也较大，仅次于华东地区。

节能产品的需求具有一定的弹性，它受到产品的初始价格、能源价格、政府政策等的制约。影响节能行业需求的动能因素包括经济的发展、国民收入水平的高低、民众的节能环保意识、政府政策的影响、能源价格的替代效应等。我国环保产业的需求特征主要体现在固体废物、废水处理、大气处理三个方面，这三个方面的需求都具有弹性较小的特点。一方面，因为我国环保产业受到环境规制的支持；另一方面，公众环保意识的提升对行业的积极影响。影响我国环保行业需求的动能因素主要有三个方面：一是国家的经济状况，二是国家产业扶持政策及战略性地位，三是环保规则。这些因素对环保产业的发展方向、技术升级、发展规模、创新形式、创新资源等都会产生一定的作用。

第二节　我国节能环保产业的发展现状

“十一五”时期，节能环保产业的发展速度日益显著，年均增速已经超过15%。这样的速度证明我国节能环保产业已经达到了快速发展的阶段。党和国家非常重视节能环保产业的发展，在李克强总理的《政府工作报告》中，节能环保产业的培育目标是成为我国一大支柱产业。以智研咨询发布的一则资料为例，2017—2022年，中国环保市场将逐年实现快速增长，预计年增长率超过20%。

从国际市场来看，我国节能环保产业的增速较快，尤其是我国节能环保产业的龙头企业已经具备一定的规模；但是，总体来看，我国节能环保产业的整体核心竞争力还处在比较低的阶段。从国内外市场来分析，我国的中小节能环保企业逐渐被淘汰，行业转型升级的步伐在逐步推进。那些实力较强、不被市场垄断所影响的企业逐渐成长壮大。但在国外，由于我国节能环保产业的核心关键技术还处在较低的位置，形势上占下风，目前我国节能环保产业还没有占到一席之地。

一、节能环保产业的规模持续扩展

近年来，国内节能环保产业的增速一直保持在10%以上；而对于国际市场来说，这个数据为8%。2005年和2015年，我国节能服务产业的总产值分别为47.3亿元和3127.3亿元，在这10年中增长了65倍。但是从节能环保产业的企业数量来看，2011年我国已经注册的节能企业达到了3900家，2015年为5426家（见图10-2）。从节能环保产业的企业规模来看，截至2012年，超过1亿元的企业总共有83家，超过5亿元的企业有18

家，超过 10 亿元的企业有 6 家。总体来看，我国节能环保产业的迅猛发展带动了一批龙头企业的发展。

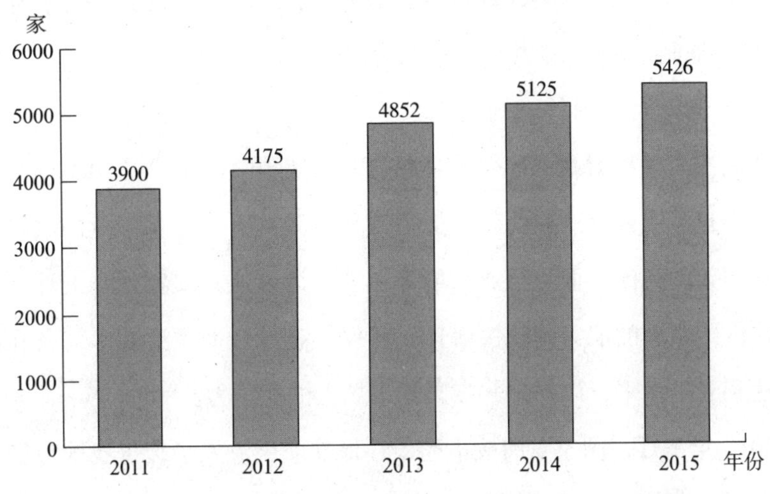

图 10-2 2011—2015 年中国节能服务企业总产值发展趋势

以中国节能环保集团公司为例。2010 年，该公司正式成立。它作为我国节能环保领域最大的科技型和服务型产业集团，发展势头十分强劲，各级子公司的数量达到了 419 家，上市公司的数量也达到了 6 家。它们不仅在我国 30 多个省份成立并逐步发展壮大，也涉足国外 40 个国家和地区。正是在这样的龙头企业的带动下，我国节能环保产业的资产规模、营业收入、利润总额、净利润都得到了大幅提升，与 2009 年相比，2012 年的增长率分别为 92.3%、63.4%、55.2%、53.1%。

由于我国环保行业总产值的统计数据不明确，要了解我国环保行业的总产值，就需要通过一种新的替代方法来估算，即通过环保装备制造业产业的粗略估算来达到。环保行业的收入来源于两个部分：一是环保装备行业，二是环保服务行业。以 2015 年为例，我国的环保装备制造产业由于受到我国经济整体下降的影响而有所下滑，但增速还是处于比较高的水平，尤其是在抗跌性上表现得比较强势。2015 年我国的环保装备制造产业的总产值达到了 5600 亿元，超过了我国环保装备行业的“十二五”规划 5000 亿元的目标。从各项经济数据来看，我国环保装备制造业的发展高于全国工业企业的平均水平，而且亏损企业的状况也高于全国的平均水平。

从国家工信部对我国环保装备制造业的规划中得知，在 2020 年该行业的建设愿景是：环保产业的创新能力得到有效提升，环保产业的关键核心技术得到新的突破，而且行业的创新体系基本建成；要实现先进环保技术装备在供给方面的能力的较快增长；环保装备制造业主要技术装备在国际上要达到先进水平，以提升其在国际市场上的竞争力。

2016 年 9 月，国家发展改革委、环保部联合颁发了促进我国节能环保产业发展的文件。主要目标是培育环境治理的主体和生态保护市场的主体。该文件计划到 2020 年，环保产业的总产值要达到一定的水平，总量达到 2. 8 万亿元；同时，文件指出我国还要培育出具有国际竞争力和雄厚实力的环保企业，以提升我国环保装备制造业的产业结构。企业的总数要达到 50 家以上，这些企业的资产规模上将达到 100 亿元以上。

二、节能环保产业市场竞争日益激烈

我国节能环保产业的市场活力逐步得到提升，主要是以下几种因素的综合作用：一是国家政策的扶持导向，二是市场进入壁垒较低。因此，我国节能环保产业的体量比较大，而且中小企业的活力也比较高。我国节能环保行业的中小企业的发展特点是：它们以自身的灵活多变性来适应不断变化的市场需求，它们在创新中不断完善自身的产品和服务，最终提升企业的生存能力。与此同时，大型企业在资金、市场占有率等方面都具有一定的优势，它们不断地挤压市场中中小企业的生存和发展空间，这样就对中小企业的发展带来了挑战。同时，大型企业还因为自身的综合实力较强，它们能够通过并购、重组等方式来达到增加自身实力的目的，最终抢占市场。由于我国节能环保产业的企业量比较大，它们之间存在恶性竞争，这就势必会产生劣币驱逐良币的现象。所以在这样的情形下，我国节能环保产业的转型升级、提质增速的难度会变大。针对我国节能环保产业的恶性竞争，必须要找到科学的方法去解决这一问题。主要方法是对环保基础设施建设招标机制的完善，这样就可以增加行业的技术权重，以科学合理的方式来引导企业之间的竞争。

三、节能环保产业国际竞争力不强

与发达国家相比，我国节能环保产业的发展水平还比较低，主要是因为我国节能环保产业起步较晚。我国节能环保产业的现状是关键、核心技术缺乏。以水处理行业为例，在一般常规设备中，我国的节能环保产业设备达到了国际化的标准。这些设备主要用于我国大多数工业、生活污水的处理；但是，我国在价值链高端的环保节能设备的制造上，还没有达到国际领先地位。例如，高活性污泥和家用净水设备反渗透膜。这是因为在这些行业我国还没有核心的技术，目前还落后于发达国家。以美国、日本以及欧洲等发达国家和地区为例，他们的节能环保产业到目前已经达到了成熟期，在全球处于主导地位。美国节能环保产业的产值在全球占到了1/3，居于世界第一位的水平。而德国在2020年节能环保产业有望成为全国的主导产业。日本节能环保产业的发展主要是以节能环保产品的生产为主。由于日本政府的大力支持，他们的节能服务业每年的增速已经达到了30%。

四、节能环保经营模式发生转变

近年来，我国节能环保行业的发展得益于国家重大政策的出台，尤其是节能环保产业项目模式得到了较大的转变。比较常见的模式有以下四种：一是第三方治理模式；二是 PPP 模式即公私合营的项目；三是 BOT 模式，即建设—经营—转让的模式；四是，TOT 模式即移交—经营—移交的模式。这些模式在国家发改委、财政部的政策支持下才能顺利推行。从国家部委到地方政府，都采取了积极的措施来推动环境治理行业的发展。社会资本的大量引入给节能环保产业带来了活力。

例如，水生态环境治理的模式就呈现出多样化的特征，包括河道治理、沿岸景观搭建、海绵城市示范工程等。我国节能环保产业的 PPP 政策由财政部负责直接领导，对 PPP 政策的推广和施行给予税收、金融支持等。PPP 政策主要是运用于国家重大的基础设施建设和公共服务建设，还有污水和垃圾处理、公路及轨道交通、供水供暖等行业也有 PPP 政策的支持，使用者付费的经营性项目已经成为我国 PPP 的热点。

以我国环保部门的测算数据为例，我国在环保产业的治理资金还有非常大的缺口。因此必须要发动社会资本的力量加入我国环保产业。以“大气十条”“水十条”为例，我国每年的投资需求在 2 万亿元左右，但是我国在这方面的财政支出只能达到 10%～15%。所以，面对我国财政对环保行业投入的不足，需要我国的社会资本提供 85%～90%的资金。

近年来，我国的 PPP 政策投向主要是海绵城市和综合走廊两个方面。随着我国节能环保产业的不断发展，在风险分担机制设计方面取得了一定的成绩。在以往的节能环保产业发展中，主要是由政府直接提供公共产品来对风险进行合理把控；但是，目前政府已经成为 PPP 项目中社会资本的合作者和监督者，这成为 PPP 项目中主要的风险分担模式。因此，在我国节能环保产业的PPP项目中，商业风险主要由社会资本承担，主要包括以下四个方面：一是项目设计的风险；二是项目建造的风险；三是财务的风险；四是运营维护的风险。同时，政府需要承担的风险主要有三种：第一种是承担法律的风险；第二种是政策的风险；第三种是最低需求风险。相对于政府直接提供公共产品的模式，新模式在一方面充分调动了社会资本的活跃度，另一方面为社会资本参与到我国节能环保产业提供了基础的保障。但是，这种模式的不足之处在于政府对企业所能提供的支持力度还不够，合作的机制体制还需要不断地得到完善。这样才能让更多的社会资本在公平、公正、公开的环境中参与PPP项目的竞争，并逐渐提升行业的总体实力。

第三节　我国节能产业的市场竞争

我国节能产业市场竞争力的高低可以从它的市场结构、市场行为、市场绩效三个方面来做分析。由于节能行业的分工细化，市场结构就比较丰富。比较直接的方法是从节能产业的集中度、区域特征两个因素来进行分析。在市场行为方面，主要受到价格竞争、研发竞争、产品差异化等因素制约；在市场绩效方面，主要从节能服务业产值、上市公司绩效两个方面的内容进行分析。

一、市场机构分析

1. 节能产业集中度

产业集中度是指在一个行业内，规模最大的N家企业的产量在整个行业的占比。国际上通用的“贝恩分类法”就是以产业集中度指数大于或者小于30%作为分类的标准。产业集中度指数小于30%为竞争型企业，大于30%为寡头垄断型企业。

以2015年中国节能产业的数据为例，可以对我国节能产业的集中度进行分析。这些企业的节能以煤炭量为标准。从这些数据可以得知，我国节能产业市场结构的行业集中度并不高。通过对8家企业市场集中度的数据进行分析得出，其中4家企业还没有达到30%，属于竞争型企业，整体行业集中度并不是高度垄断的态势。前4家企业的市场占有率也比较接近，它们之间的差异不大。这就证明这些企业的发展比较平衡。但是这10家企业的集中度指数达到了49.91%，表明这个行业的集中度也不具备高度分散的特征。这些企业中没有垄断性的、特大的企业出现，整个行业的竞争适度。

2. 节能产业的区域特征

我国的节能产品和市场是全国性的，在商品流通过程中，由于不同地区的特点不一样，成本也不一样，最终会造成我国能源效率在不同区域上呈现出高低不一的状态。首先，在产品的销售环节，交通成本会不一样。例如，在我国较远的云南、贵州等山区，要将该地的产品销售到我国的东部地区，交通成本就很高。其次，我国不同地区用户的特征不一样，他们所需要的节能设备和技术也不一样；又加之不同地区的企业对产品技术的侧重点不一样，要将一个地区的产品在另外一个地区进行销售，最终的效果就不理想。如南方主要的节能企业是水电技术、节水灌溉等，但北方需要的却是燃煤技术。再次，由于我国的政府对于企业的地方保护还比较严重。他们为了保护本地的企业，那些跨区域发展的节能企业在发展中会受到诸多限制。所以，要对我国节能产业制订长远的计划，就必须对我国各地的节能产业进行细致的分析，找出各地的优势和弱势，这样才能制定出合适的政策引导节能产业健康发展。

以我国历年各省市能源效率的区域平均值为基础，我国节能产业有四个能效等级：优能源效率区、良能源效率区、中能源效率区、低能源效率区（见表 10-1）。我国的北京、天津、上海等发达城市，以及江苏、广东的小部分地区都属于优能源效率区。我国大部分地区还处在中、低能源效率等级，这些地区的能源利用率较低，所以在这些地区还必须要加大力度发展节能产业。

表 10-1　我国各省份能源效率区域的分类情况

能源效率分区	能效	各个省份	省份数目
优能源效率区	0.9~1	北京、天津、上海、广东	4
良能源效率区	0.8~0.9	安徽、浙江、福建、湖南、海南、辽宁、黑龙江	7
中能源效率区	0.6~0.8	四川、云南、甘肃、内蒙古、河南、河北、江西、吉林、山东、湖北、广西、江苏	12
低能源效率区	0.6 以下	陕西、山西、贵州、重庆、青海、宁夏、新疆、西藏	8

二、市场行为

我国节能产业的市场行为主要表现在以下三个方面。

一是价格竞争，和一般的企业一样，节能企业的竞争也以价格为重要因素。2015 年，我国节能企业中前 4 家企业集中度指数为 25.58%。这就证明这些企业在市场上的份额是比较接近的。也就是说，在未来我国的节能行业在抢占市场的过程中的竞争会越来越激烈，尤其是价格竞争也会越来越激烈。

二是研发的竞争。技术研发能带动企业在技术上的提升，同时，企业之间要实现差异化，也必须靠研发来实现，因为它是最佳途径之一。在我国，节能产业排名中靠前的企业各自的市场份额之间的差距比较小，未来的市场竞争会十分激烈，而且企业发展的同质化比较严重。所以，要改变企业在市场上的竞争地位，就必须要提升它的研发能力。一家企业如果能在研发方面投入足够的人力、财力、物力，就可能在节能领域某一个方面取得突破性进展，这样就可以取得差异化的产品，最终占领市场获得有利的竞争地位和企业利润。但是目前，我国大部分节能产业的企业的研发意识还比较低，它们为了眼前的利益，而不注重长期的研发投入，最终导致企业的研发能力不足，在竞争中不具备差异化的优势。

三是产品的差异化。我国节能产业涉及的范围很广、节能产业的产业链之间的差别也很大。节能产业不同环节间的特点不同，如厂商数目的不同，行业进入壁垒也各不相同。因此，我国节能产业的产品差异化比较明显。例如，一些专注于节水技术的公司，它们不可能同时专注于节煤技术。我国的节能技术专注各自领域，一家企业一旦占领了市场，其他企业的进入壁垒也就随之提高。所以只要提高自身技术，保持产品的差异化特征，就是节能企业发展的致胜法宝。

三、市场绩效

首先，从节能服务业产值来分析。我国节能服务产业在近10年来发展非常迅速，而且该行业产业规模的增长势头良好。从2005年开始，我国节能服务产业发展势头强劲，在总产值上始终保持快速增长的状态。2015年，我国节能服务产业总产值已经超过3100亿元，比2014年提升了17.9%。

在我国节能服务产业的发展中，以合同能源管理为重要的发展模式。截至2015年，我国节能服务产业的合同能源管理所产生的产值达到了1039.56亿元，比我国“十一五”期间合同能源管理所产生的产值287.51亿元提高了3倍以上。2015年节约的标准煤能源总量达到了3200万吨以上，二氧化碳减排达到了 8100 万吨以上。而且在 2005—2015 年，我国的合同能源管理项目保持了快速增长的态势。从市场分布来看，合同能源管理投资主要在以下三个行业：一是交通业，二是建筑业，三是工业。这些行业占总投资的比例分别为 1.8%、26.3%、71.7%。而且合同能源管理投资的商业模式也比较成熟，主要有三种：能源费用托管型模式、节能效应分享型模式、节能量保证型融资模式，分别占 8%、32%、57%。

其次，我国节能产业的市场绩效可以从上市公司的绩效来分析。节能环保产业是我国未来具有较强市场竞争力的七大战略性新兴产业之一。在我国政府的大力支持下，我国节能产业取得了较大的发展；但是，这并不能改变行业竞争激烈和残酷的局面。因为这个行业的绝对市场虽然是巨大的，相对市场容量却有限。随着我国工业化、城镇化的逐步提升，节能环保因为被提高到国家战略发展的高度才赢得了快速发展的局面，但是实际上，这个行业已经在我国发展多年，与其他新兴产业相比，它们的市场需求还比较有限。根据我国节能产业的专业财经数据，可以对上市公司的绩效进行分析。

第一，节能环保概念股。截至 2016 年 12 月底，我国节能环保概念股数量达到了 144 只；同时，这些节能环保概念股的累积成交量超过了 41 亿元。

第二，节能行业上市公式的类型。以 Wind 数据库的数据为例。到 2016 年底，18 家节能行业属于 A 股上市公司；其中 4 家企业在主板上市，中小企业板为 6 家，创业板有 8 家。

第三，从地域分布上看，上述 18 家 A 股上市公司中，北京、广东两地均有 4 家，居全国首位；其次是浙江，有 3 家企业在 A 股上市。

第四，从企业的规模分析，18 家节能行业上市公司的平均市值达到了 88 亿元。其中，神雾环保以 214 亿元市值居于首位。总之，我国节能产业的企业总市值为50亿~100亿元。

第五，盈利能力。2015年，我国18家节能行业的上市企业盈利比较客观，整体净利润从20.46亿元上升到23.73亿元，比2014年增长了16%；但是，这些企业的净利润之间的差距却非常大。其中低于3000万元的企业有2家，达到了2亿元以上的企业有3家。这3家企业中以阳光照明居于第一位，达到了3.6亿元。2015年，节能行业上市公司的净资产收益率主要集中在5%~20%。这些企业中的双良节能、神雾环保、阳光照明、延华智能、智光电气排名靠前，它们的净资产收益率均超过了10%。且其中双良节能的净资产收益率达到了16%，易世达公司的净资产收益率最低，仅为0.7%。

第六，以2016年我国节能环保产业企业的总营收增幅的数据为例，我国的这些企业中有4家增幅超过50%；同时，净利润增幅超过50%的也达到了4家。神雾环保和三聚环保两家公司的营收增幅最引人注目，总营收增幅分别达到了157.28%、207.66%，它们的净利润增幅分别为289.47%、97.07%。它们在同行业中遥遥领先。但是，在我国节能环保上市公司中也有处于亏损的企业，如龙源技术。这家公司亏损得比较严重，公司的总营收比2015年下降了46.94%，净利润下降更加严重，达到了243.95%。可以说，2016年对于我国节能环保行业来说，市场呈现了高速期发展的态势。2016年，我国节能环保产业行业并购、整合消息不断。这是由于一方面，在我国经济整体增速明显放缓的情况下，很多中小企业由于没有足够的竞争力，在激烈的竞争中只能被淘汰或者被兼并；另一方面，这是源于我国政府的利好政策，在这些政策的刺激下，节能环保市场中的大企业得到了诸多积极政策的支持，为它们兼并其他公司提供了基础条件。

第四节　我国环保产业的市场竞争

我国环保行业的市场竞争主要是从市场结构、市场行为、市场绩效三个方面进行分析。市场结构主要是分析环保产业上市公司的营业状况以及该行业的集中度。市场行为主要是从价格、研发、并购三个方面分析；环保产业的市场绩效主要体现在环保装备业的经营绩效、上市公司绩效、环保产业的创新能力三个方面。

一、市场结构分析

中国环保产业的全行业数据统计比较缺乏，在业内主要是采用 A 股上市公司的数据来分析行业的市场结构状况。在我国的 A 股市场，有 92 家 A 股上市公司的主营业务涉及环保，其中有 39 家公司的环保业务收入占到公司主营收入的 50%以上。这些公司分属于五个细分领域。其中属于水污染防治行业的公司最多，达到了 17 家，大气污染防治的公司达到了 9 家，固废处理与资源化的公司达到了 8 家，监测与检测的公司、环境修复的公司比较少，分别只有 3 家和 2 家。

这 39 家环保上市公司在 2015 年的营业收入为 733 亿元，在 2016 年的营业收入为 885 亿元。从这些数据可知，这些公司总的营业收入增长达到了 20.7%。从 2016 年的公司营业收入中计算出排名靠前的公司营收之和，并以这个数据在这 39 家环保上市公司 2016 年的总营收所占的比例来推知环保行业的市场集中度。通过贝恩分类法计算出我国环保产业目前还处在市场集中度较低的状态，寡头垄断程度较低。主要有以下三个原因。

首先，我国环保产业的细分程度比较高。我国的环保行业公司在各个领域都展开了竞争：大气污染防治、监测、固废处理、水污染防治等；同时，我国大多数环保产业公司的业务覆盖面积比较广，不仅开展自身的优势业务，在其他业务领域也有涉及。以首创股份有限公司为例，它的营业收入排名第三，公司的业务范围比较广泛。它的卓越能力主要体现在固废处理、市政供水与污水处理、水环境的综合治理等方面。再以格林美股份有限公司为例，它在行业中排名第四，也具有很广的业务范围。如废旧电池与废弃钴、镍、钨稀有金属处理，报废汽车零部件，动力电池材料循环再造等领域。

其次，我国环保行业的发展起步较晚，目前行业的发展还落后于发达国家，处在不断探索的初级阶段，行业中的垄断企业还没有形成。这也从另一个方面说明我国环保行业的市场前景比较广阔。

最后，由于定义范畴在我国环保产业的界定还没有统一的定论。这 39 家上市企业的发展状况不足以代表全行业，因为还有很多没有上市的环保企业或者涉足环保企业的相关情况没有得到清楚的了解。因此，这 39 家上市公司的数据只能作为参考，数据上会有失偏颇。

二、市场行为分析

环保行业的市场行主要是通过价格竞争、研发竞争和并购行为来分析。近年来，低价竞争在我国的环保行业中愈演愈烈；研发在大企业中的竞争比较激烈，随着行业的发展许多合并企业通过并购的形式进入市场。

首先，需要对环保行业的价格竞争进行分析。因为低价竞争给行业带来诸多冲击。以污水处理行业为例，它们的中标价格出现了断崖式的下跌：处理价格为每吨 0.3 元。尤其是垃圾焚烧的低价状态更有过之而无不及，由每吨 160 元的价格跌落到每吨 18 元。这个行业的低价原因主要有以下几个方面。

一是我国环保产业的发展还处在比较低级的阶段，它与我国的经济发展程度还没有完全适应。

二是地方政府在招投标中的作用比较明显，它们引导低价项目中标。

三是我国环保行业的门槛比较低，市场还处在混乱阶段。许多环保企业通过新三板融资、收并购，以此来壮大自身的力量，这就体现了行业中不同企业良莠不齐。新进入的一些环保企业，它们主要的竞争手段就是运用低质低价的技术去赢得项目的运营权。这些行为对市场的扰乱比较明显。

四是环保产业的产品同质化比较严重，如我国的环保装备制造企业的状况就是数量过多产能过剩。

以上原因就是我国环保产业“劣币驱逐良币”的表现，同时，还有一个原因应该引起重视，就是近年来我国大量央企和国企进入市场，在激烈的竞争中，价格大幅下降。面对低价竞争的局面，2016 年，我国政府对低价竞争现象采取了明文指导的方式，对那些掠夺性定价企业进行适时监督，要求市场中的低价中标合同细节要公之于众。这对环保行业市场的过度竞争造成了一定程度的影响。

其次，要研究环保行业的研发竞争局面。对于任何一个企业来说，研发带来的技术优势都是企业赖以生存的基础，也是不断发展的持久动力，更是具有核心竞争力的重要法宝。尤其是我国的环保产业，它是我国战略性新兴产业之一，技术优势的重要性就更加突出。其中，技术优势最主要的体现是专利的申请量，它是衡量一个企业技术水平的量化指标。我国环保产业竞争最激烈的三个行业——大气治理、污水处理、固废处理的专利申请量都比较大，尤其是固废处理行业的专利申请量在所有环保产业中居于首位。但是在固废处理行业，企业的研发竞争并不是最激烈的，主要是因为除开专利申请量占首位的格林美以外，其他企业的专利申请量之间的差距不明显。实际上，污水处理领域的研发竞争才是最大的。这个领域的大企业的专利申请量都比较多，它们的实力也是旗鼓相当的，所以在市场抢占的过程中竞争就比较激烈。

最后，从环保企业的并购行为可以推知这个产业的市场状况。企业的并购行为对于行业的发展具有积极的意义。环保企业要占领市场也必须走并购之路，只有这样，才能快速地深化技术能力，拓宽自己的业务领域。这也可以对环保企业市场占有率的提升带来积极作用。近年来，我国的企业通过并购国内外的企业进入环保市场。例如，首创环境在 2016 年就有较大的动作，它收购了新西兰最大的垃圾处理企业 BCG NZ。被收购的 BCG NZ 在新西兰垃圾处理市场上占到了 30%的份额。以盈峰环境、中原环保、三维丝三家公司为例，它们在 2016 年经过并购之后主营收入增速超过了 100%。由此可见，我国环保产业的并购趋势还在持续发展，这对我国许多实力雄厚的企业来说是一个非常好的契机。环保行业的巨大发展空间将为这些企业带来新的机遇，而新的企业的入场也将为环保企业的发展带来新生力量。

三、市场绩效分析

首先，从环保装备行业分析。

以 2014—2016 年的数据为例（见图 10-3），环保装备规模以上企业的市场主营业务收入在不断上升，但是，这个行业的增速在明显放缓。2014 年，全行业的总业务营收是 2766. 78 亿元，与 2013 年相比，这些企业的增长均在 14%左右。这个行业主营业务的总利润超过 200 亿元，而主营业务利润率为 7. 23%。2015 年主营业务收入比 2014 年增长 9. 9%；同时，利润总额比 2014 年增长 7. 8%，高于全国工业企业的平均水平。从企业的主营业务收入的利润率来看，环保装备制造企业的数据与全国工业企业相比较高，前者是6.7%，后者是5.6%。以2016年11月的数据为例，环保装备产量达到80万台以上，比2015年11月增长了25.8%，在129个机械制造细分行业中排名第5位。2016年11月底，主营业务收入达到了2951.7亿元，比2015年同期增长了7.9%。同时，行业利润总额达到了200亿元以上，同比增长9.1%；利润率相比同期有所下降，约为6.5%。

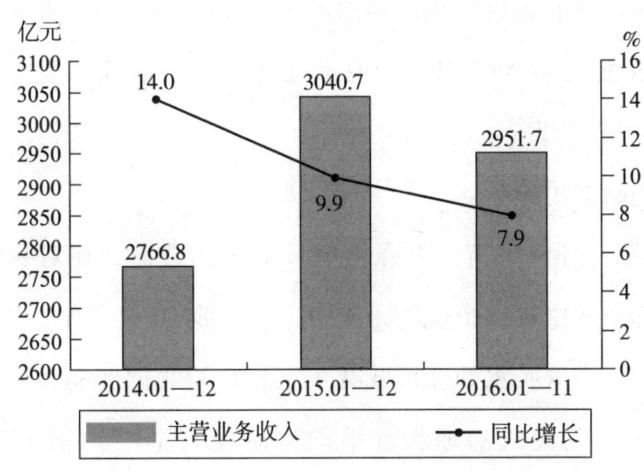

图10-3 环保装备企业主营业务的收入情况

其次，从上市公司业绩分析。

截至2016年底，我国环保产业中有93家属于主板、中小板、创业板的A股上市企业，比2005年上涨了253.8%。可见，2005—2016年，我国的环保产业发展比较迅速，而且这样的上涨速度高于A股上市公司总体的增长速度。从环保产业上市的板块来分析，其中创业板的数量居于首位，主板次之，中小板最少。这几个板块在环保产业上市企业总数量中的占比分别为：创业板占39%、主板占35%、中小板占26%。从我国环保产业上市公司的地域分布来看，我国的东部、北部沿海地区的环保企业最多，尤其是在我国的京津冀地区和长江三角洲地区。由于这两个区域的经济发展水平较高，在环保的需求上也呈现出比较旺盛的状况，环保产业的发展也比较快速。

从细分领域来看，截至2016年6月，我国环保产业的固废处理行业的平均市值、平均资产都处于环保产业最高的地位。与大气治理行业相比，固废处理的市值基本是其2倍。固废处理的资产比较高，是水处理和大气治理的3倍。我国的固废处理行业在近年来的发展速度极高。这3年的平均累积营业收入与其他行业相比高出很多，接近90亿元。从复合增长率来看，近3年达到了30.53%以上，而水处理和大气治理的复合增长率还不到30%。

最后，创新能力分析。

据2016年“环保创新力百强榜单”提供的数据，在对我国沪深两市和新三板挂牌企业中环保企业的评比中，榜单前10企业中，固废处理有2家，烟气治理有2家，水处理领域有4家。它们的创新能力主要体现在创新投入能力上，以大气治理为首平均科研投入金额占到了营业收入的4.0%。在专利数量方面，水处理行业最多，但是它们的专利数量占比仅为35.7%，该领域的企业数量占比却达到了44.7%，所以平均到每个水处理企业的专利数量并不高。

第五节　节能环保产业的新动能——技术创新

节能环保产业的新动能最主要的来源就是企业的技术创新。这个行业作为我国的战略性新兴产业，保持着比较快速的增长势头。这是在以下两个方面因素的影响下达到的：其一，主要是经济增长和环境规制带来的需求增长；其二，主要是供给侧的企业技术创新带来的活力，是推动环保产业发展的新动能。

一、节能产业的技术创新与产业增长

我国的节能行业有诸多细分领域，涉及数万家企业。从应用领域来分主要有以下几种类型：交通运输节能、家庭能耗节能、大型建筑节能、市政设施节能、工业能耗节能。其中以建筑节能领域的发展为首，主要以方大集团股份公司、中航三鑫股份有限公司、山东金晶科技股份公司三家公司最为著名。

以方大集团的低碳幕墙为例。幕墙是建筑物的外墙护围，它不承受重量，只是悬挂在墙上，所以又叫悬墙。它是现代大型、高层建筑的装饰墙体。它的材质是结构框架、镶嵌板材，它不承担主体结构载荷与作用，是建筑的围护结构。

幕墙系统在建筑围护结构中的热交换和热传导的活跃度和敏感度都非常高，传热和失热损失是墙体的5~6倍。从节能效果来看，幕墙系统的节能效果占到了节能总量的40%。

低碳幕墙是在现代节能技术中诞生的，主要是绿色环保材料的运用，具有保温和装饰双重功能。我国倡导低碳生活、绿色经济，低碳幕墙的发展必然迎来新的机遇。

以方大集团为例，它诞生于1991年，是一家成立较久的环保公司，总部位于深圳，而且它还是我国上市最早的民营企业。它所涉及的产业覆盖面很广，属于我国大型高科技企业，也属于我国比较著名的创新型企业。方大集团主要在智能建筑产品及系统、房地产、新材料、软件及控制系统、节能环保产品和技术服务、新能源开发应用及服务等方面有产业布局，并取得了很好的成绩。在世界各地的1000多项重大工程中，方大集团的高端幕墙体系都得到了广泛的应用。

以中航三鑫为例，该公司也是一家老资历的公司，成立于1995年，隶属于中国航空工业集团公司。它主要的优势是在新材料板块方面；同时，这个企业有一部分的业务仍然是幕墙工程，但是它的产品主要是玻璃幕墙。最令业界称赞的是海南中航特玻 4 条生产线项目。这个项目在玻璃制造领域是中国迄今为止最大的、最高端的。该项目开创了 5 个第一，也填补了 5 项空白。正是这个项目的投产，让中国结束了高端玻璃依赖进口的历史，也是因为它的存在，国产的玻璃可以在国际上进军高端市场。

中航三鑫高端幕墙在生产链条上非常完善，上下游的合作比较紧密，体现了较强的配套实力；而且该公司在国际上的影响力也比较大，在国内属于龙头企业。其中，深圳三鑫幕墙公司在国内外承建了大型的高端幕墙项目，在业界取得了众多的赞誉和较高的认可。它承建了泰国曼谷机场、北京首都国际机场、广州白云机场、上海浦东机场。这些项目体现了我国在高端幕墙上的设计和施工管理等方面的综合能力。同时，在国家新能源和节能减排领域，中航三鑫也处于领先地位。主要是在太阳能光伏行业方面具有突出贡献，致力于该细分领域建筑一体化的研发应用。目前，三鑫光伏工程品牌在我国已经相当响亮。而且中航三鑫公司至今已经研发、生产了较丰富的光伏建筑应用系列产品；同时，中航三鑫还为客户提供完整的解决方案和体系集成服务。

以金晶科技生产的超白玻璃为例。超白玻璃还有另外两个名称：低铁玻璃、高透明玻璃，它以 91.5%的透光率成为高品质、多功能的新型高档玻璃。它具有优越的物理、光学、机械等方面的性能，与优质浮法玻璃一样可以进行各种加工。这些因素让超白玻璃应用比较广泛，市场前景也非常宽广。作为一种基片材料，超白玻璃在节能环保行业的应用主要是太阳能光热和光电转换系统等细分领域。由于超白玻璃的运用，再加上国际上的太阳能利用技术的突破，光电转换率得到了极大的提升。尤其是我国建设的新型太阳能光电幕墙，在该领域会大量采用超白玻璃。在国际上，超白玻璃的市场被发达国家的跨国公司所垄断。如 PPG 公司，它以技术封锁为手段，通过自己掌握的核心技术来赚取超白玻璃较高的附加值。它们的营销模式也对企业进入超白玻璃行业带来了机遇，主要是限产的模式。因此，由于技术上和资金上的门槛比较高，超白玻璃行业的集中度也比较高。

2005 年，金晶科技生产出超白浮法玻璃。这个产品不仅在国内居于首位，在国际上也得到行业的认可。经过多年的发展，金晶科技已经生产出多种产品，在国内处于独占鳌头的地位，主要有超白玻璃、超大超厚玻璃、颜色玻璃、太阳能超白玻璃、优质浮法玻璃以及各种深加工玻璃等。

二、环保产业的技术创新与产业增长

从国家环保部发布的数据可知，截至 2014 年底，我国环保产业的科技研发取得了一定的成果。在 540 项国家环境保护科技成果中，有很大一部分是环境保护科学技术奖，数量达到了 247 项。这体现了我国的环境管理、环保科技在这些科学技术的支持下得到了长足的发展。

我国经济的转型升级主要依赖于企业的技术创新。我国的经济发展与环境的可持续发展是统一的。过去二者之间的发展存在冲突，我们却以牺牲环境为代价。这样的发展模式必须得以改变，转而以高技术为主要支撑带动经济的发展，进而改善环境。而环保产业的技术进步，对于行业的重要性属于战略发展的地位。所以，企业只有在技术创新、工艺设备创新上下功夫，才能让自身的竞争力处于优势地位；同时，在政府政策的引导下，大量企业在创新研发上不仅拥有较好的外部环境，而且在研发资源上获得了比较直接的帮助。

以大气治理、除尘领域两家著名的公司为例，分析这两个领域的发展状况。

一是北京清新环境技术股份有限公司。该公司主要致力于工业环保节能、资源综合利用等。它是国内环保行业著名的企业，属于国家级的高新技术企业。清新环境以创新的理念和思维、创新机制、创新平台在企业技术创新上取得了较大的成就。这些新技术应用在多个领域，如高效脱硫技术、废水零排放技术、活性焦干法烟气净化技术、高效喷淋技术、褐煤制焦技术、高效除尘技术、SPC 烟气除水技术、SPC 超净脱硫除尘一体化技术等，而且清新环境在电力、冶金等行业的工业烟气治理也取得了一定的成果。

清新环境在技术上坚持创新，最终赢得了市场。2014 年，清新环境单塔一体化脱硫除尘深度净化技术的成功研发在市场上赢得了众多企业的青睐。以 2015 年该公司签约的脱硫新建机组容量为例，该数据达到了 12360 兆，在市场中居于第二。尤其是脱硫技改机组容量方面，清新环境在全国排名第一。此外，清新环境在脱硫特许经营机组容量上、脱销特许经营机组容量上分别排名全国第二、第三。

在火电脱硫特许经营方面作为试点单位、第三方治理运营的领头羊，清新环境在 2015 年占领了市场较大的份额，并且在 2016 年承接的烟气治理建造项目数量巨大，包括全国各地的 138 台大型火电机组和 128 台中小燃煤锅炉。由于我国在这个领域的需求非常大，基于广阔的市场，清新环境有望以自身的创新技术和丰富的经验在火电烟器治理市场赢得更加广阔的发展前景，在行业中起到领头羊的作用。国家鼓励我国参与燃煤电厂环境污染的第三方治理企业调整治理模式，由脱硫脱硝的方式转变为废气、废水、固体废物的处理。由于清新环境本身所具备的创新能力，在未来，企业在国家的政策鼓励下有望向全面综合的环保治理公司发展，诸多新市场也将被开辟。

以核心专利技术赢得行业治霾龙头地位。清新环境拥有核心专利技术

70余件，这些专利技术已经在我国的电力、石化等行业的工业烟气治理领域得到了广泛的运用，也是因为专利技术的运用，才为企业带来了增长较快的业绩。以2016年为例，该公司实现了33.90亿元的营收，同比增长达到了49.48%；净利润实现了7.67亿元，与2015年相比增长了51.10%。

清新环境以并购协调进入非电领域，这样的发展模式开拓了公司业务领域，也提升了烟气治理的技术，并促进了新旧动能转换。

以福建龙净环保股份有限公司（以下简称“龙净环保”）为例，它以连续10年居于全国同行业第一的水平在业界成为传奇。尤其在电袋复合除尘器市场的占有份额上达到了60%以上，龙净环保还是全球最大的大气环保装备制造企业。龙净环保以自身的研发优势在技术上不断地突破，截至2017年，获得授权专利463件。龙净环保在全国环境服务业的综合排名和大气污染治理领域的排名都居于第一位。2016年，龙净环保实现收入80.23亿元，而且净利润达到了6.64亿元。前者同比增长8.56%，后者同比增长18.52%。尤其是在政府治理雾霾的力度逐渐加大的情况下，由于政策利好的刺激和鼓励，龙净环保在行业中作为龙头企业的优势将得到更加有利的发挥，行业份额将会得到更大的提升。

第十一章

我国移动智能终端与新旧动能转换

第一节　移动智能终端概述

电子信息技术与移动智能终端给人们的生活带来了便捷，也改变了人们传统的生活方式。移动智能终端可以依靠电子信息技术的支持接入互联网。用户可以根据自身喜好下载和使用各种软件，所以，移动智能终端是一种嵌入式计算机系统设备。现代人因为拥有移动智能终端设备，在一般情况下，人们都可以依靠设备提供的音频、视频、数据等方面的内容随时随地了解没有去过的地方，认识没见过的人和事，可以看不同的风景，也可以学习各种自己比较感兴趣的知识；能够用智能手机来完成日常消费的支付，完成一些涉及个人的政务办理等，如网上缴费；甚至靠移动智能终端来赚取金钱，如开网店；还可以召开各种会议、使用可视电话等。所以，移动智能终端丰富了人们的生活，也为大家提供了便捷，为快节奏生活注入了活力。移动智能终端主要包括智能手机、笔记本、平板电脑、车载智能终端、可穿戴设备等。在未来一些用于物联网和互联网领域的智能设备也属于移动智能终端。这些设备中以手机作为最主要的移动智能终端设备。

目前，智能手机以安卓和苹果两个系统为代表。智能手机是目前最普及的移动智能设备，第一部智能手机诞生于2001年，由爱立信推出。随后几年相继有不同的企业推出智能手机，但是智能手机在这段时间还没有流行。直到2007年苹果推出第一款智能手机之后，智能手机的市场才迅速火爆。此后，全球手机生产商家逐步淘汰了非智能手机的生产，智能手机被全球疯狂地追捧。而第一部智能平板电脑的问世也是由苹果公司创造的。苹果公司在2010年推出iPad，为用户提供网页浏览、电子邮件收发、电子书观看、音频播放、视频、游戏等服务，成为当今世界上重要的智能平板电脑。智能手表也是当今比较流行的智能终端设备，它诞生于2000年，由IBM推出。它可以通过连接网络来实现一些便捷的操作，还可以与其他的智能终端设备进行同步操作，如电话、短信、音乐、邮件、照片等。苹果公司、三星公司、华为公司等都相继推出了可穿戴智能终端设备。

目前，全世界的人口已经达到了71亿人，而处于互联网环境中的人数已经达到了32亿人，可以说互联网的普及为移动智能终端的兴盛带来了极大的机遇。随着互联网的发展，在很多应用领域，移动智能终端的优势可以得到充分的发挥，它已经可以取代PC的作用，为用户及时提供信息和便捷服务。因此，面对这样的形式，PC端需求量在不断地下降，而移动智能终端的需求量在不断地上升。2012年后，PC端的增速出现负增长，而智能手机的增长十分迅速。出货量增速迅猛，而且出货量的规模也非常大，2015年第二季度，智能手机的出货量达到了4.6亿部。可见，智能手机的发展速度是很快的。但是，近年来智能手机的发展势头已经逐步下降。一方面，随着智能手机的创新变得缓慢，不能很好地抓住顾客的需求，不能给顾客提供更加新颖的产品和服务，所以智能手机市场的需求下降，行业的发展速度也随之不断下降。另一方面，由于目前智能手机使用人群已经十分庞大，需求边际下降，所以智能手机总体的发展趋势变缓。以 2017 年第二季度全球智能手机的出货量为例，2017 年第二季度为 3.4 亿部，比 2015 年同期下降了 1.2 亿部。可见，全球的智能手机增长已经逐渐趋缓，因此，行业的竞争也在加剧。

苹果公司 2007 年生产的智能手机 iPhone 引爆了全球的智能手机的发展，2011 年全球智能手机的出货量已经完全超过了 PC 端。尤其是在 2013 年，全球的智能手机出货量呈现井喷式的发展，达到了 40%的增长速度。而且在 2015 年，全球智能手机出货量超过 14 亿部，与 2007 年的 1.24 亿部相比，实现了 10 倍以上的增长。所以 2007 至今，智能手机为全球经济的发展做出了重要贡献。

从全球的平板电脑市场的情况分析，2013 年，全球平板电脑的出货量已经达到了最高值。但是，随后这样的高峰就消失了，取而代之的是不断下滑的出货量。以 2014 年第三季度为例，这个时期比同期下降了 5380 万台，之后就是负增长的局面。而在 2017 年第一季度，出货量仅为 3620 万台。可见，近年来全球平板电脑的发展势头在逐步下降。

目前，由于智能手机、智能平板电脑等的发展分别进入了放缓期和萎缩期，所以目前的移动智能终端设备的增量时代已经不复存在，在未来的"后智能时代"，新型的移动智能终端设备将成为越来越多的人的必需品，如可穿戴设备、智能汽车等。这些行业的发展将会是智能终端设备行业新一轮的经济增长动能。

2007 年至今，全球智能手机的发展就是推动全球经济发展的新动能。一方面，对智能手机的需求就是一种新的需求，智能手机完全改变了以前对手机的定义，能够满足用户的各种需求，智能手机的发展史是以新供给来激发新需求的典型案例，它对全球消费、经济的推动具有不可磨灭的作用；另一方面，在智能手机的技术发展的历程中，创新是最重要的能力，它产生了商业价值和经济价值，具备创新的智能手机生产商在竞争中总是立于不败之地。以苹果公司为例，在 2017 年全球智能手机出货量下滑的情形下，苹果手机仍然坚挺。这主要是因为苹果公司对创新能力的持续追求。在 iPhone8 系列中，FaceID、TureDepth 照相机系统是最具有创新意识的功能，被用户评为最受欢迎的功能。看似简单的照相机系统，却被苹果公司进行了深入挖掘，这两个功能汇聚了苹果公司诸多的创新。如 iPhoneX 顶部的凹槽设计，它包括一个 700 万像素的摄像头，还有红外摄像头、扬声器、泛光照明器、环境光传感器、点投影仪、近距离传感器，这些都为 TureDepth 照相机系统提供了动力。这种独特的创新就引起了新的消费，是新供给产生新消费的典型案例。为用户提供创新的、独特的体验，这就是苹果手机被持续追捧的最大原因。正因为如此，苹果公司才能在全世界智能手机生产商中取得最高的利润。所以，创新才能不断地推动企业发展，创新才能创出新效益，创新才能创造新动能。

由苹果公司的案例可得，用户愿意花高价买苹果手机，就在于对其质量的信任。但是，目前世界上的智能手机由于很多企业的创新只是停留在新概念上，如国内手机商家一窝蜂地搞智能化高科技，但是却没有提升智能手机产品的质量，不具备依靠创新能力持续领先的能力，没有生产出在市场上得到认可的更具竞争力的高质量智能手机产品。因为用户和消费者只是对购买的产品质量的创新感兴趣，对不能提高产品质量的概念没有兴趣，所以，企业的这些努力都是不能被用户肯定的，企业唯一的出路就是提供高质量的产品。

智能手机行业的创新目前面临两个方面的问题。一是，目前智能手机企业创新意识不足。主要是因为智能手机的创新需要有空间和时间上合适的、具有弹性的资源配置。智能手机产品升级是由创新带来的，但创新需要时间和资金来达到，在一段时间和一定量的资金的积累基础上才能创新；同时，创新还存在另一个问题，因为创新的特点就是具备不确定性。但是目前国际经济形势比较严峻，智能手机行业的竞争十分残酷，很多企业注重短期的绩效。企业投入自发的创新，没有业绩和利润作为支撑，就没有绩效，绩效的明确性与创新的不确定性就是天然存在的矛盾。绩效注重短期行为产生的结果，因此企业习惯于今天有投入，创新的产出在明天就见效。然而创新是一个试错的过程，必须有不断的“否定之否定”，最终才能成功。所以很多智能手机生产商难以维持不确定性的创新研发工作。这就造成了智能手机行业创新疲乏的局面。另一方面，支持智能手机企业创新的内在动力不足。这个内在动力就是企业的经济实力，企业在创新上的投入。从创新的外部环境来看，因为智能手机起步比较晚，目前还没有专门支持智能手机研发的公共服务平台，对于那些致力于研发的企业，他们很难从外部获取有价值的支持，只能靠自身去承担。因此，智能手机企业要提升自身的创新能力成本非常大。又加之面对日益激烈的竞争和日益下降的利润，智能手机企业已经没有更多的资金去投入到创新上。从内外两个方面来讲，智能手机企业要在创新上大作文章，达到提升产品质量的目的是一条十分艰难的道路。

但是，创新之路再难，也必须要坚持走下去，因为只有创新才能激发企业的活力。在创新中产生促进智能手机企业发展的新动能，以新动能促进智能手机企业的长远健康发展。在当今的智能手机生产领域，苹果公司一直走的是内涵式发展道路，即以质量创新赢得质量盈利，通过创新提高智能手机的质量水平来取得用户的喜爱。然而，目前全球的很多智能手机生产商因为各种内外部的因素的制约还没有走上内涵式发展道路。所以，智能手机领域在未来的发展中必须要以产品质量的创新为指引，在科技、人力资本和商业模式上进行创新，只有这样才能激发智能手机消费的新一

轮的快速增长，为经济的发展提供新动能。

第二节　我国移动智能终端的基本情况

我国移动智能终端设备与国际市场上的产品格局基本一样，智能手机、可穿戴设备在未来是移动智能终端设备的主流。智能手机虽然增长速度在放缓，但是相对于平板电脑增速下滑的幅度，智能手机在未来的发展仍然具有较大的前景；同时，可穿戴设备的市场规模正在一步步地扩大。

但是，由于目前移动用户的增长速度在不断地下降，人们在生活中对智能手机的需求也在放缓，而智能手机是移动智能终端最主要的代表，所以，移动智能终端在近年来总体需求量不断下降。也就是说，我国的移动智能终端已经从增量时代迈进了存量时代。以我国的智能手机生产商为例，他们以前大多停留在中低端市场，但是随着存量时代的到来，他们必须要改变自身的发展理念，以高端市场为目标，与此同时，智能手机生产链的上下游各个环节也必须调整思路，抓住机遇去迎接新的动能的到来。

在新旧动能转换的大背景下，移动智能终端行业的作用主要体现为以新的供给、产业形态、组织结构替代旧的供给、产业形态、组织结构。在我国的经济发展中的具体表现是产业智慧化、智慧产业化、跨界融合化、品牌高端化等。例如，我国的智能手机用户习惯于网上购物、预订车票、酒店等，大家也比较喜欢随时随地享用娱乐的产品和服务，如音乐、影视剧、游戏，手机支付、APP、共享经济等新业态在我国已经取得了蓬勃发展。在移动智能终端行业内部，我国的“创客”是一个典型的创新创业的新模式，通过 APP，任何研发团队都可以为消费者提供创新的产品，这就成为新动能，并以此来拉动上下游生态链各环节，给予旧动能新的形式。

正是因为智能手机创造了新的供给——给人们的日常生活提供智能化的、方方面面的服务，才产生了新需求——对智能手机的热爱和追捧。正是这样的新供给带动了我国人民的新需求，并成为激发我国手机行业前进的新动能。我国智能手机的发展为我国经济发展做出了重要贡献。2016年，中国智能手机出货量达到了5.22亿部，同比增长14%。中国智能手机的发展到达了一个新的高峰。从国际智能手机市场来看，我国品牌智能手机的全球市场份额在不断地提升，而且在逐步走向中高端市场。例如，我国的华为手机，在创新的驱动下，正不断地向高端品牌迈进。从国内的智能手机市场来看，小米手机的发展十分迅速。它以低价和饥饿营销方式取得了国内销售桂冠，随后，我国的智能手机生产商也以低价来回击小米。所以在国内的智能手机市场不是以创新的品质来赢得客户，而是以低价的竞争来赢得市场，可见，国内智能手机本身的市场环境就存在一些问题。

要取得一定的市场份额在国内以价格战取胜的策略已经宣告失败。如小米在2016年第二季度的市场份额为9.5%，但是2015年第二季度它的市场份额却是17.1%。虽然在全国市场占有率排名达到了第5位，但是它是前5位中市场占有率下降最大的企业。由此可见，国内的低价竞争不仅不能促进行业的良性竞争，反而会因为价格战让整个智能手机市场乱象丛生，阻碍了行业的健康、良性发展。相反，以质量创新取胜的企业华为在国内市场占有率却独占鳌头。这就证明了只有质量创新才是我国智能手机行业的发展出路。

以华为公司为例。2018年第三季度，华为智能手机在中国市场的出货量达到了2520万部，以21.4%的市场占有率摘得桂冠。更为难得的是，华为智能手机是在中国智能手机出货量同比下滑10.2%的大背景下取得的这一成果。它以13.4%的同比增长速度逆势而上，远超国内其他智能手机生

产商。这就表明在中国市场，华为手机还有很大的发展空间。

华为公司能够取得这样的骄人成绩，是因为这是一家具备“企业家精神”的公司。创始人任正非的经历就足够证明他心怀理想与信念，在困难和挫折面前永不低头，这是企业创新必须具备的内在动力。作为智能手机行业创新的主体，华为公司能够打破传统的束缚，发挥了企业家精神的作用，将创新资源进行整合，以高投入去赢得政府、大学和科研机构的创新资源。而且他们的创新资源来自全世界。智能手机市场需要的资金、技术、人才、市场等创新要素都汇聚到华为公司，再加上他们以世界第一为自己的最高目标，所以最终能够创新成功，从而赢得市场。

华为成为智能手机行业创新者的代表，一个重要的原因是华为创新成就在业界成为翘楚。2016 年底，华为经过授权的专利已经达到了 7 万份。华为申请的专利接近 10 万份，其中还有部分是国际专利，而且其中九成以上是发明专利。中国企业的现状就是有很多专利的质量较低，主要是缺乏发明专利和国际专利。华为的专利因为有大量的发明专利和国际专利，所以它能在中国企业中独占鳌头。这也是华为能够在竞争激烈的国际市场上占领一席之地的重要原因。在 2018 年世界移动通信大会上，华为公司获得了举世瞩目的眼光。华为运用终端的手机芯片，启动了一辆保时捷跑车，现场演示了无人驾驶技术。这代表了华为在 5G 终端方面的创新推动，而且这样的创新是一个跨越性的成就。华为在这次大会上还发布了一种叫巴龙的芯片。它在大会首次亮相，使之成为第五代移动通信的全球首款核心芯片。这意味着华为在 5G 时代还未到来之时已经在全球抢占了先机，完成了从端到端的全产业布局。华为公司的成就代表中国在 5G 通信时代超越了其他国家和地区成为先锋，将会成为这个新时代的主角。由此可见，要以创新来占领市场，以创新来带动企业的长远发展。

我国智能手机行业的国际市场依然不够乐观。众所周知，我国因为改革开放取得了不俗的成绩，40年来中国经济持续、高速地增长。我国的企业能够利用国际市场，利用自身在土地、劳动力等方面的优势，大量地向国外出口，在国际市场上大展拳脚，智能手机行业也是这样。但是，我国的企业生产的智能手机只有华为能够在国际市场上具备广阔的发展空间。尤其是智能手机的国际高端市场一直是我国智能手机生产商无法占领的阵地，而国外的苹果、三星公司则是主要的占领者。它们拥有中高端的产品以及具有科技含量的核心技术，所以，全球的中高端市场大部分还是被欧美等发达国家占领着。

对中国来，目前智能手机已经进入新时代，智能手机行业需要新的突破；同时，国际竞争不再是靠低价竞争来赢得市场，国际形势发生了巨大变化：新一轮科技革命和产业变革席卷全球。所以，在当今的智能手机市场，谁掌握了科技的制高点，在未来的竞争中就会取得绝对的优势。

但是，我国企业还存在一些缺陷，在新技术到来之际，如AR和物联网的到来势必给行业带来挑战，面对这些挑战，这些企业要抢占行业高地就是一件比较困难的事情，没有科学的思路和方法就难以完成。创新对中国智能手机行业来讲，既能解决现实问题，也具有不可估量的长远意义。智能手机行业的发展需要依靠大量的高新技术人才、高新技术的创新驱动。企业必须要在高新技术上投入足够的人力、物力、财力，这样才能支持企业走向更加高端的市场，支撑企业健康可持续发展。智能手机行业的创新，是决定智能手机企业生死存亡的关键，从智能手机生产商的企业家到管理者再到研发人员，都必须重视创新；同时，我们的社会也必须营造创新的氛围，我国政府也要为这些企业提供支持，给予他们良好的创新环境，从政策上、财政税收上给予其鼓励和支持。

我国的移动智能终端设备行业的发展主要是依靠智能手机和智能穿戴设备的创新来完成的。目前，智能手机行业进入增速放缓期，需要创新来

掀起新一轮的消费热潮，以新动能来引领智能手机行业的发展。而智能穿戴设备因为人工智能的发展，近年来可谓独领风骚。全球可穿戴设备出货量在 2017 年就达到了 3.1 亿台，比 2016 年增长了 16.7%，市场规模超过 300 亿美元。而且，随着可穿戴设备市场的迅速升温，越来越多的国际国内企业开始瞄准细分领域，智能穿戴设备将会在社会多个领域被广泛应用。

我国的可穿戴设备行业的主要“卖点”是大家关心的健康，如生理数据，包括心跳、血压的实时监控。而且随着人们对生命健康的关注度的提升，智能可穿戴设备的销量、品类都在不断上升。除健康监测，目前国内的可穿戴设备行业还聚焦到短信、电话提醒、游戏、在线教育、社交娱乐、虚拟现实等功能上。

智能可穿戴设备与智能手机一样，最需要的是技术创新，只有新的技术才能为行业带来新动能，如物联网技术的创新、5G 的发展等。这些技术创新将带来更具想象力和趣味的新场景或将延伸出更多的生活中的实用场景，如医疗行业、金融支付领域、身份认证，更有甚者是工业领域，这些行业或领域都将因为智能可穿戴设备的技术创新带来巨大的变革；同时，智能可穿戴设备的发展将带动触控面板、传感器、光纤通信以及稀有金属铟、锗、镓等行业的发展。

第三节　移动智能终端和新旧动能转换

信息技术经过与其他行业的逐渐融合最终形成经济动能。信息技术的创新给传统行业带来革新，提高了行业的生产效率，也使消费得到升级。技术对经济动能的转换不是直接的、显著的、标志性的，而是一种促进效应。

在智能终端设备行业，因为新技术的介入，人们的生活、产生、交流方式都取得了不同程度的改变。人们最先使用的是移动非智能设备，到现在使用的是移动智能设备，因为技术的革新，行业内部顺利地实现了新旧动能的转换。而且无论是在非智能终端还是智能终端时代，因为信息技术的革新，都会带来一次次的新旧动能的转换。

一、移动智能终端新供给取代旧供给

移动智能终端具备变量多、机制复杂、不确定因素多等特点，是一个复杂的特殊的系统，而且它还具有自组织特性。移动智能终端产业的发展不仅推动了经济的发展，也同时以新的供给取代旧的传统产品和行业。例如，现在的智能手机可以满足人们的许多需求，人们通过一部手机就可以解决很多问题，那么随之而来，很多传统产品都会退出历史舞台，很多行业也将被颠覆。

移动智能终端的主要产品就是智能手机，以智能手机与普通手机为例，前者比后者具备更多的功能，而这些新功能就是新供给，并以此来代替旧供给。智能手机具备开放的操作系统，这也是建立在电子信息技术的创新上的。因此用户通过智能手机可以安装自已感兴趣的第三方软件，因为这些软件的安装，手机具备了更多的功能，用户可以获得更多的体验。所以这就是智能手机与一般手机最大的区别。与 PC 一样，智能手机具备了很多的功能，因此它对 PC 行业的冲击也是比较大的；同时，智能手机还冲击了 MP3、MP4 等播放器的市场，它们已经退出了历史舞台，因为智能手机具有更高音质的音频和更高画质的视频下载和播放能力。曾经索尼生产的 PSP 具备了大量的游戏功能，但是随着智能手机的发展，手游不仅具备更加丰富的游戏种类而且操作简单方便，画质更佳。它已经是广大游

戏爱好者的追捧对象，而PSP已经成为历史。同样，在摄像、拍照领域，因为智能手机的拍照功能强大，高端的智能手机的相机都具备双摄、广角、大光圈等功能，它的成像效果特别好，有的甚至超越了中断的卡片相机。在录音设备领域，智能手机也为其提供了新供给取代了旧有的供给。智能手机的录音功能是很强大的，所以自然取代了以往的录音设备。智能手机还有一个重要的功能就是可以下载一些软件来实现很多功能，如可以下载电子地图来进行实时导航。这是以前的纸质版地图所远远达不到的。通过智能手机下载一些客户端，就会替代原有的旧产品的供给。如下载一些学习的词典，那些旧有的学习词典就被替代了，如文曲星词典等。

由此可见，智能终端行业的新旧动能转换，有一部分是新供给替代了旧供给，这些新供给的功能完全覆盖了旧供给，如智能手机替代MP3、MP4，手机游戏替代PSP。有的新供给没有完全替代旧供给，只是给传统的行业进行补充和完善。在非智能终端时代，行业的蝶变已经出现许多新供给替代旧供给。而在智能终端时代，随着行业技术的变革，在更加开放的终端平台上，更多的功能会被开启，催生出更多的新供给。这些新供给将会取代更多的产品甚至行业，届时会有更多产品和服务集合在一个终端上。它不仅给人们的生活带来更多的便捷和乐趣，而且还能在新旧动能转换的过程中加速产业的蝶变和延伸。

二、移动智能终端的新业态和新形式

爱立信T68的出现，在移动智能终端领域掀起了狂潮。不仅移动终端的功能变得更加强大，而且还催生了更多的新业态和新形式。T68具有彩色屏幕、可移动、支持GPRS，与以往手机相比具备了更多的功能：高速行动网络通信、蓝牙无线功能、电子邮件、增强型简讯、音乐等。T68之后，人们通过手机的交流和联系更加频繁，因为它的方式更加丰富。智能手机出现以后，人们通过下载软件来提升交流和联系的品质，提高了智能手机的使用满意度，这也带动了智能手机相关行业的发展。

智能时代，因为具备了开放的环境，用户通过下载软件，智能手机的功能就被大大地提升。在这些功能中，人们的生活方式得到了极大的改变，如移动互联网业务替代了移动通信业务，人们通过前者就可以满足生活中的各种需求。智能手机在功能上的扩充，其影响力是巨大的。它带来了行业和产品的变革：跨界融合、开放创新。这是目前智能手机行业的新常态。如大家熟悉的网络购物、网络电视、共享经济、移动支付等行业和领域，因为开放的操作系统下的一个 APP 的使用，就可以产生更多的新业态和新形式。随着智能手机行业和通信技术等相关行业的创新和变革，在未来移动智能终端产业的发展将会涉及更广泛的领域，事关人们生活的方方面面，形成新领域和新常态。这些行业和领域包括软硬件的结合、跨界的结合、多种器件应用的结合，同时还包括一些新的应用领域，如高端医疗、公共安全、汽车、交通、工业制造等。

网络购物也是一种新的业态。在智能手机诞生之后，手机购物就是一种人们喜爱的生活方式，目前，安卓系统和苹果系统是手机购物应用的主流模式。我国手机购物在整个电商业务中占到了很大的份额，其中比较著名的购物应用有淘宝、京东、凡客等，综合性导购应用以蘑菇街、口袋购物为代表。在旅游行业的途牛、携程等 APP 也是一种新的旅游服务订购模式，上述消费新模式产生了新的业态。这些电商对实体的冲击非常大，它们具有便捷的特点，人们可以坐在家中选择多种多样的产品和服务，省时省力。所以新的业态对人们生活的改变非常大，同时也对新时期的消费方式产生深远影响，给行业的发展带来新的机遇和挑战，促进了行业的转型升级。

移动支付也是在智能手机时代产生的新业态。移动设备、互联网或者近距离传感器给移动支付提供了基础和技术前提。单位或者个人可以使用智能手机进行消费的支付。有的是直接向银行金融机构发送支付指令，最终实现货币支付；有的是间接向银行金融机构发送支付指令，产生资金转移行为，来实现移动支付。可见，智能手机的移动支付可以整合多种资源和机构，其中包括终端设备、互联网、应用提供商、金融机构等。用户可以提供移动支付进行货币支付、缴费等金融业务。目前，我国最主要的具备移动支付功能的 APP 是支付宝和微信。它们已经占领了中国最广大的移动支付市场。目前人们只要有一部手机就可以完成支付，而不需要携带现金。这种新业态也在不断地提升人们的生活水平，建立新的消费方式，也促进了新的需求的产生。移动支付给供给和需求双方都带来了便捷，中国经济的新旧动能转换也因此受到了积极的影响。

网络电视也是在移动智能终端时代产生的新业态之一，它在我们的生活中占有一席之地。目前，通过移动智能终端看电视已经成为大众比较喜爱的一种方式，如用智能手机观看视频。只要有移动网络或者无线网，人们就可以随时随地观看视频和电视。作为一种新型的传播方式，网络电视不仅可以获得更加广泛的受众，而且还能够让受众更加方便地随时随地观看电视，网络电视比较成功的案例就是纸牌屋和权利的游戏。它通过移动网络为用户提供实时的游戏和娱乐。这种新的媒体形式也是在移动智能终端这种新业态和新形式下才诞生的。通过网络电视，各种视频内容的传播因为有更多的支持而显得更加有效。

共享经济是近年来逐步兴起的新业态。它主要是指通过移动智能终端设备来获得一定的报酬。共享经济不仅局限于熟悉的人，而且还针对更多的陌生人，它涉及的人群数量不可估量。这些人之间以物品使用权暂时转移为关系纽带，他们的根本目的是整合一些线下的闲散物品、劳动力、教育医疗资源等。这些资源每个人都公平享有，他们的付出方式不同收获就不一样，但是只要他们付出了，就可以获得经济红利。它必须要依靠移动支付平台来为其提供技术和业务上的支持。例如，目前很多电商或者一些小型的购物 APP 都在以共享经济的模式来占领市场。这些新的业态以消费者的传播为手段，以储备更多的消费人群为目的。当消费者进行分享并让其他人产生消费后，分享者就能够获得一定的报酬，这对普通消费者具有一定的吸引力。我们比较熟悉的摩拜单车、爱彼迎等的发展模式都是人们在生活中参与的共享经济模式，是一种新的生活方式和新业态。这些新业态不仅给人们的生活带来便捷，也给旧有行业带来了生机。例如，共享单车，它们拯救了很多已经破产的自行车生产厂。因此，共享单车行业不仅是新业态，具备新的形式，同时它也给旧的行业带来新形式。由此可见，移动智能终端时代是促进新旧行业发展的主要因素，也是这一时期的新业态和新形式。

第十二章

我国新媒体产业与新旧动能转换

第一节　新媒体产业的时代背景

新媒体是在新的技术支撑体系下出现的。它最初的定义来自联合国教科文组织。新媒体被定义为“以数字技术为基础，以网络为载体进行信息传播的媒介”。新媒体不仅包括高科技也包括人性化的体验。这个新文化产业主要包括文化创意、文化传媒与信息技术的融合。

目前的新媒体行业有不同的种类，主要以网络新媒体、移动新媒体、数字新媒体等为代表。宽带信息网络、数字技术、终端移动设备都是新媒体行业不断发展的基础。新媒体的传播媒介有 4 种，因此根据传播媒介可以将新媒体行业概括为 4 种类型。一是以互联网为传播媒介的新媒体，主要有网络视频、微博、群组、博客、社区、电子书、博客、视客、电子杂志等；二是以移动互联网为传播媒介的新媒体，包括手机视频、手机网络文学、手机音乐、手机网络游戏、手机网站、微信、手机新闻客户端等；三是以数字广播为传播媒介的新媒体，包括数字电视、公交电视、承载视频等；四是基于跨网络的 IPTV 等。

新媒体产业的概念为以数字技术、计算机网络技术和移动通信技术等新兴技术为重要的前提和基础，依托这些技术，通过网络媒体、手机媒体、数字电视、移动电视等新型媒介进行传播。新媒体产业以工业化标准进行物质生产和再生产，它是文化创意产业的十分重要的组成部分。

一、新媒体的特征

新媒体行业与传统媒体相比有自身不一样的特征，主要表现在以下几个方面。

1. 时效性

新媒体的时效性比传统媒体的时效性要强得多。在以往媒体的报道中很多新闻都是“旧闻”。因为传统的媒体需要由专业的记者来发掘新闻价值和新闻线索，然后采集素材进行文章的撰写，最终通过后期的制作：编辑、剪辑、排版、审查等在固定的时间段公开发行或者传播。虽然现在的技术在不断地提升，但传统媒体还是具有一定的时滞性。而且传统媒体对新闻进行层层筛选，还必须要经历多道复杂的程序，会损失很多重要的信息。随着智能手机和平板电脑的诞生，传统媒体的这一缺憾被弥补。这些移动智能设备可以随身携带，每个用户都可以扮演记者的角色，他们运用智能手机、平板电脑可以随时随地发现、记录、传播信息。这些信息也可以随时传达到移动智能设备用户的设备上，他们可以及时地阅读信息，获取有价值的新闻和信息。

2. 形式和内容的丰富多样性

传统媒体的内容一直处于垄断地位，在单向传播的媒介技术时代电视是最主要的传播媒介。它几乎控制了整个产业环节，如上游的内容、渠道、下游的受众资源等。但是在新媒体时代，电视的垄断地位已经被大大地削弱了。世界范围内的观众都可以在互联网的覆盖下，用户可以利用手机等移动智能设备来获得更多的信息。这庞大的网络中，人们获取新的空间得到拓展，信息的来源也得到了丰富。在传统媒体中，报纸主要依靠文字、图片等形式来进行新闻报道和信息传播。广播主要是以声音为主，电视则主要是影像。但是在新媒体中，可以囊括以上所有信息，它以多种形式来进行信息的传播，是一个新的媒介综合体。而且，在移动终端设备上，普通的人都可以进行原创，通过各种形式来传播自己的观点和所见所闻，这些内容的版面和容量也是不受限制的。可见，新媒体的传播环境更加开放、自由。随着技术的发展，可穿戴智能设备等具备更丰富的应用的电子设备会得到普及，新媒体的载体将得到更大的扩展。

3. 碎片化

用户携带智能手机等其他移动设备，可以随时随地接受信息，这就是新媒体呈现碎片化特征的主要原因。在这些碎片化的时间里，用户可以通过新媒体去获取信息，这些碎片化的时间集合起来就为用户提供了更多的时间去搜索信息、阅读信息、收看节目等。移动设备使用时间是碎片化的，手机屏幕也比较小，这些都对新媒体内容的发布提出了新的要求，主要体现在内容和形式上。

4. 交互性

一方面，由于新媒体能够涵盖多种形式的信息，为用户提供个性化的服务。个人用户通过新媒体可以获得丰富的信息，也可以选择自己喜爱的不同类型的信息、节目、文章等。因为新媒体具备海量的信息，所以它的用户可以找到自身最感兴趣的信息，用户的体验度十分高。另一方面，用户不仅接受这些信息，而且还是信息的创造者、二次创造者和传播者。在传统媒体中，信息是单向传达的，受众只是接收者，不是传播者。但是在新媒体的传播中，受众既是接受者也是传播者，用户可以发表自立的观点与作者进行交流，甚至与陌生的网友进行讨论。所以在新媒体中这些用户的力量是巨大的，他们是舆论的传播者、缔造者、评论者。由此可见，新媒体有一个重要的特点在于它的互动性，如用户之间的互动、媒体与用户的互动、媒体之间的互动等。

5. 便利性

新媒体的便利性表现在两个方面。一是在内容的制作上，二是内容接收者的使用上。众所周知，传统媒体需要大量的人力、财力和物力来支撑，在经过国家有关部门严格的、层层审批之后，才有媒体机构的诞生。但是新媒体的产生却节省了大量的时间和人力、物力、财力。只需要用户使用自身的合法身份去注册，然后成立一个媒体平台。如现在比较流行的微博、优酷等网站只要简单的个人信息的注册，然后通过这些服务商提供的服务来进行信息的传播。用户不仅可以发布文字、图片，还可以发布音乐、视频等信息。这个过程需要的人力、物力、财力是很少的，可以传播的量也是不受限制的，而这些用户传播的信息具有极高的价值。另一方面，用户接收信息的成本很低，他们可以轻松地接收到各种信息资源，这些信息也是免费的，加之新媒体的传播十分迅速，移动设备的携带也是很方便的，所以用户可以随时随地获得有价值的信息。

二、新媒体的产业链

新媒体的产业链包括内容提供商、软件技术提供商、终端提供商、网络运营商、平台提供商、受众、监督机构等。

新媒体的内容提供商是多种多样的，它不仅是一些专业的制作公司，还包括传媒机构；同时，也包含一些不同种类的企业和普通的个人。软件技术提供商为新媒体整个产业链的发展带来了软件技术的服务，为业务、资费、管理等提供便利。终端提供商为新媒体提供包括电脑、平板、电视、智能手机等设备。网络运营商为新媒体的传播提供主要的渠道。新媒体的核心资源属于网络运营商，如中国移动、中国电信、中国联通等。它们通过建立虚拟网络，为平台供应商提供网络支持。目前，这些运营商有无线网络运营商，也有固定网络运营商，还有数字网络运营商；同时，它们也为用户提供网络支持。平台提供商主要是给新媒体的信息分享、交易等提供网络空间、技术支持、服务支持。它是一种计算机网络系统的网络运营者，如微博、腾讯、爱奇艺、微信等。新媒体的受众具有双重身份，他们既接收信息也传播信息。新媒体信息的舆论影响力大都是受众的力量。新媒体的监测机构可以对传播中的信息进行评估和分析，可以为新媒体营销提供参考。而且随着云计算和大数据的兴起，监测机构在未来的发展将会越来越好。

三、新技术对新媒体产业的推动

新媒体产业的发展以新技术为核心动力，它推动了互联网技术、网络设施、终端平台等的发展，并为新媒体的发展注入更大的活力。

1. 智能手机对移动互联网传播的推动

智能手机的操作系统的技术创新是智能手机发展过程中的核心推动力。在移动互联网时代，新媒体产业主要的竞争因素就是以智能手机为核心的产业生态体系的竞争。其中，智能手机的操作系统又是重中之重。这些系统承载着手机游戏、视频、微信传播、移动新闻客户端等。

2. 数字技术对电视媒体传播的推动

IPTV 与 OTT TV 技术通过 IP 网络来传输视频内容。这些视频具备高速高质的特点，而且还具备了广播电视和互联网的双重特质。直播、点播应用并行满足了不同的用户的需求，而且可以为用户提供高清享受。OTT TV 已经形成了基本的技术产业链。播出平台由互联网电视集成业务提供者提供服务，新媒体的内容来自内容提供商，智能电视、机顶盒等终端也对 OTT TV 的发展提供了动力和支持。

3. 云计算对大众媒介的推动

云计算可以打破智能手机计算能力不足的瓶颈，可以为用户提供大量的信息。这就必将推动智能手机、平板电脑、智能穿戴设备等新型终端的发展。在媒介内容层面，云计算还可以推动各类新媒介的发展，例如，这些设备接入云服务接口可以为大众媒介提供多个信息服务平台，并最终降低新媒体体系建设的技术门槛。

4. 大数据对传播内容发展的推动

大数据的作用就是对海量的用户信息进行分析，经过对这些数据的分析，内容生产方将掌握用户更多的信息和更详细的资料，了解到他们的个性化需求。这些信息可以提高内容生产商的精准营销，会促进内容生产商在客户细分、营销策略等方面取得更好的成绩。所以，大数据将成为促进新媒体不断发展的重要基石。

第二节　我国新媒体产业发展和新动能

我国新媒体行业的发展日益迅速，创造了新的经济模式，而且因为微博、微信等社交媒体的迅速发展，也促进了新媒体的快速发展。传统的电视与多终端手段结合，新媒体产业逐步发展到形成了一个全媒体接受平台，如网络电视；同时，传统电视在不断地融合其他平台进行全媒体打造，受众可以从多种终端获取多种多样的信息；同时，在我国的新媒体中，出现了越来越多样化的资金投资，如以风险资金的介入为新媒体的现代管理模式、商业模式和盈利模式等都注入了新的活力。目前，我国的新媒体发展处于上升趋势，但最主要的问题是新媒体发展过程中的监管问题。

一、我国新媒体发展的主要领域的概括

1. 我国的网络视频产业发展概括

2016 年，网络电视用户规模已经达到了 5.14 亿，网络电视在网民中的使用率已经达到了 72.4%。2015 年，中国网络视频市场规模已经在 400 亿元以上，比 2014 年增长了 61.2%。尤其是付费用户的收入增幅达到了 270.3%，达到了 51.3 亿元。从收看设备分析，智能手机是主要的终端设备，2016 年上半年，智能手机用户占到了总用户量的 85.7%，达到了 4.4 亿，这半年的用户规模增长了 8.7%；同时，智能电视也是一个比较受大众欢迎的终端设备。在 2016 年已经有 21.1%的中国网民使用电视上网。

从视频内容来看，我国的各大视频网站的版权购买在新媒体传播之初的竞争比较激烈，目前这一行的竞争已经逐渐趋于平缓。自制内容的特点是精品化、差异化。

在我国的新媒体商业模式上，优质内容促进了用户的消费，视频用户增值消费潜力增长空间巨大。例如，一些视频网站与热门剧目合作，在付费观看上取得了较大成功。而且我国的新媒体在对大数据的运用上也走在

了前列，将会发掘出更多的增值消费方式。

2. 我国移动新闻客户端的发展概括

移动新闻客户端有两个分类，一是媒体新闻类客户端，即以传统媒体与互联网媒体为运营主体的媒体新闻客户端，如网易新闻、搜狐新闻、新浪新闻、凤凰新闻、腾讯新闻等。二是聚合信息类客户端，如一些技术公司、商业公司，通过一定的技术手段聚合其他的媒体资讯内容，常见的有百度新闻、今日头条等。

截至 2016 年 12 月，我国的网络新闻用户规模达到了 6. 14 亿，比 2015 年增长了 8. 8%，网民使用比例达到了 84%。2016 年，在庞大的手机网民中，有 5. 71 亿人属于网络新闻用户，占手机网民的比例八成以上，比 2015 年增长了 18. 6%。在网络新闻用户增速放缓的情况下，提升用户活跃度及黏性才是提升用户价值的重要途径。

3. 我国数字电视产业发展的概况

近年来，我国有线电视用户的消费层次在逐步提升，用户结构发生了较大变化。主要表现在：高清及超高清用户规模方面，数据显示：2015—2017 年，我国高清用户分别为 5693. 97 万户、6761. 12 万户和 7105. 15 万户。而超高清（4K）用户从 2015 年的 88. 95 万户迅速增长至 2017 年 516. 87 万户，三年内用户规模扩大了 427. 92 万户，现有用户规模相当于 2015 年的 5. 8 倍，发展十分迅速。

数字电视的发展受到互联网电视、网络视频的冲击，越来越多的机构正进入服务提供商的行业，他们为用户提供不同的屏幕，从而让有线电视用户产生了分流。数字技术、网络技术及移动互联网等对广播电视网、通信网、互联网等之间的互联互通具有积极的作用。用户可以通过这些媒体获取更多综合化、个性化的服务。

2015—2017 年，我国双向数字电视实际用户分别为 3768.23 万户、4612.20 万户和 5742.64 万户。到 2018 年末，我国有线电视数字化率已达到 87.7%的较高水平，但增速已明显有限；有线数字电视用户缴费率仅 74.6%。2018 年末，我国有线电视双向业务渗透率同比提高 10 个百分点至 43.5%，但相比双向覆盖率 76.5%而言仍，渗透率明显较低。

4. 我国数字出版产业的发展

受益于技术的发展以及人们阅读习惯的改变，在新闻出版产业各类别中数字出版增长尤为突出，增速和占比双增长。2017 年数字出版实现营业收入 7071.9 亿元，同比增长 23.62%，远超传统出版行业营收的 4.5%同比增速，占全行业营业收入的 28.07%，同比增长 3.87%，成为推动新闻出版行业成长的重要力量。

数字出版行业的发展依托于数字出版产业基地，截至 2016 年，30 家国家新闻出版产业基地中，14 家是数字出版产业基地，且其中有 6 家资产和营收均突破百亿元，集聚效应进一步显现。

从行业发展趋势分析，数字出版产业的创新机制在不断地完善；电子书领域的旧格局将被逐渐打破；出版与资本的融合不断加深；自媒体的发展进入了新阶段；出版营销模式也在不断地突破。

二、新媒体激发的新动能

1. 新媒体不断拓展产业链

我国的视听新媒体近年来取得了较快的发展。2016 年，我国广电总局备案的网剧数量已经达到了 4558 部，网络栏目剧也比较多，达到了 1616 部。截至 2016 年 8 月，网络自制视听节目播放量不断提升，比 2015 年同期增长了 180%，流量的占比也比 2015 年增长了 6%，达到了 14%。

（1）“增量资源”扩充。目前我国的 BAT 系统中不仅有网络视听的“存量资源”，还有准网络视听领域的“增量资源”的开放。例如，在直播、短视频、虚拟现实等新兴业务，因为投资、入股等可以布局互联网视听新兴业务，并在此基础上形成新的影视公司、发行公司，通过全产业链布局来达到资源的优化整合。

2016 年我国在线电视市场规模已经超过 600 亿，比 2015 年增长 56%。而且在 2016 年底，我国的网民规模已经达到了 7 亿以上。网络电视用户规模达到了 5.45 亿，达到了网民总数的 75%；同时，新媒体平台自制必须从商业模式的革新来达到提升质量的作用，以满足用户对内容的需求。

（2）付费内容的增长。根据 2016 年的相关数据显示，在我国主要的视频网站中，付费会员的数量在明显地增长。如爱奇艺、腾讯、优酷等视频网站的付费会员总数都超过了 2000 万。2016 年 9 月，我国的网络视频用户中的 35.5%都有付费的经历，实现了近几年的快速增长。

根据与网络电视相关的调查机构显示，用户付费观看的原因有多种。80%以上的用户是因为想看内容才付费；69%的用户是为了看更多的片源、可观看更多的付费内容而选择付费；77.3%的用户主要是为了回避广告；60%的用户愿意付费观看影院热映新片、独播网络大电影等；近一半的用户主要是为了观看独播网络剧、电视热播剧而选择付费；而观众付费观看独家自制综艺节目、体育节目/直播、动漫的占比分别为 35.9%、26.2%、31.4%。

以我国的体育赛事为例。体育赛事版权运营的主要模式有版权分销、产品订阅、广告赞助等。版权分销业务是指版权运营方必须要通过电视、互联网、广电等媒体渠道来进行分销。新媒体在版权分销方面比例在不断地上升，并带动了整个版权领域的价格上涨。互联网为代表的新媒体对版权行业的促进作用十分显著，它推动了版权价格的上涨。随着网络视频付费会员数量的增长，网站收入在不断地增加，这对版权价格、行业的良性发展具有积极作用。

（3）移动广告市场。2016 年，由于新媒体的推动，中国移动广告市场取得了快速发展。因为移动广告的产品不断地增多，用户对移动广告的需求在不断地提升，移动广告市场的潜力被激发。2016 年，中国移动广告市场的规模已经超过 1300 亿元，而且随着移动广告市场的逐步成熟，未来的市场规模将会越来越大。

2. 新媒体推动其他行业运营模式的转变

以网红经济为例，它是在社交媒体的广泛运用下产生的，主要是在新媒体推动作用的刺激下诞生的。网络电商是我国网红经济最主要的体现方式。在这些网红电商中，他们的流量极大，转化率也非常高，商品的库存较小。网红经济在我国的走红，让很多专业的网红孵化器企业不断地成长壮大。这些孵化企业通过网红经济业务、柔性供应链业务、电商运营业务三大业务的运营来将网络经济的参与主体——网红、粉丝、电商三者关联在一起，这样就形成了一个完整的网红电商产业链的闭环。

我国的服装行业是受到网红经济影响最大的行业。我国的传统电商以 B2C 为常规模式。在这样的销售模式中，商家不了解消费者的喜好，它们只能通过自身的判断去进货、销售，这样就会浪费资源。因为很多产品并不是消费者所需要的。而网红经济却是可以通过网红的展示来让消费者提出自己的意见和建议。消费者对产品关注度就可以直接影响到商家的上货和销售。商家根据消费的动态需求来进行适时的进货、销售政策的调整。这样就可以规避传统电商的一些弊端，提高销售收入和利润。网红商业模式的运转主要有 4 个方面的内容：一是社交引流，二是孵化器的捧红，三是供应链的支持，四是电商的运营。

以 2015 年的淘宝官方数据为例，女装 C 店销售额排名前十的店铺中有一半属于网红店。而且2015年淘宝平台上的服装类网红店铺的销量约为3000亿元。

除此之外，网红经济还在多个领域占有一席之地。如目前比较火热的医疗美容。还有一些传播媒体，一些APP也将网红经济进行了合理的嫁接，如抖音、美柚等；同时，在电子商务、电子竞技、媒体内容制作等方面也有网红经济的介入，这些行业的上下游也会因为网红经济的影响迎来更多的发展机会，如医疗器械、运输业、计算机硬件与软件、制造业等。

第三节　我国新媒体产业的产业组织分析

新媒体的产业组织包括新媒体产业的市场结构、新媒体产业的市场行为两个方面。前者是从受众、市场、产品三个方面来分析；后者是从价格行为、非价格行为、组织行为三个方面来进行分析。

一、我国新媒体产业的市场结构

我国新媒体产业还处在发展的起步阶段，所以很多数据的收集还比较困难，但从受众、企业产品等角度来分析，可以对新媒体产业的市场结构有大概的了解。

1. 网民集中度

截止2018年6月，中国网民规模达到8.02亿人，2018上半年新增网民数量为2968万人，与2017年相比增长3.8%，互联网普及率为57.7%。截止2018年6月，中国手机网民规模达到7.88亿人，2018上半年新增手机网民数量为3509万人，与2017年相比增长4.7%。其中手机网民占网民数量的比重持续攀升，2018年占比已高达98.3%。

在城乡网民结构方面，截止2018年6月，中国城镇地区互联网普及率为2.7%，农村地区互联网普及率为36.5%。2018上半年，中国农村网民规模为2.11亿人，占整体网民数量的26.3%，与2017年末相比增长204万人，增幅为1.0%。城镇网民规模为5.91亿人，占整体网民数量的73.7%，与2017年末项目增长2764万人，增长率为4.9%。随着中国城镇化进程的不断推进，城镇人口不断增加，预计城镇网民规模将进一步增长。从省份上来看，我国发达地区的互联网的发展程度与不发达地区相比水平要高得多。网络普及率较低的都是不发达地区。

目前，中国网民主要以青少年、青年和中年群体为主。截止2018上半年，10-39群体占整体网民规模的70.8%，其中20-29岁占比最高，占比为27.9%，其次为30-39岁群体，占比为24.7%，其后为10-19岁群体，占比为18.2%。

2. 企业集中度

新媒体的细分领域众多，主要包括网络视频领域、移动新闻客户端领域、数字出版领域、自媒体领域。

网络视频领域的市场集中度在不断增强。2015—2016年，爱奇艺、腾讯、优酷三家视频行业已经占领整个市场份额的一半以上。乐视、聚力传媒、搜狐、暴风影音、芒果TV等的市场份额还未达到1/4。

移动APP以BAT最受欢迎，其他视频APP的安装率都没有达到15%。

此次，在移动新闻客户端领域的竞争非常激烈。2016年，各家新闻客户端为提升品牌认知度，吸收更多网民，各自的品牌广告投入都在加大。目前排名前五位的移动新闻资讯APP是腾讯、凤凰、搜狐、今日头条、网易。其中腾讯因为具备强大的渠道优势而位居首位。今日头条属于后来居上者，它以为网民提供个性化的新闻资讯推荐作为差异化发展的主要特色。

在数字出版领域，因为具有较长的产业链，行业的参与者众多但集中度并不高。

在自媒体领域，因为移动互联网的快速发展，自媒体成为新媒体中非常重要的内容生产者，在体量上也比较庞大。我国目前的微信公众号已经突破了 1000 万个，微信用户已经突破 6 亿。这两个数据说明在 60 个微信用户中就有 1 个为微信公众号运营者。虽然我国的自媒体庞大，但是质量参差不齐，目前我国的自媒体必须要走从量到质的发展之路。

3. 市场进入壁垒

我国的新媒体在发展过程中的壁垒在逐步增高。主要表现在以下五个方面：

（1）技术壁垒

新媒体对新技术的依赖程度很高，由于不同的新技术的使用，即使传递的内容一样，受众接受内容的速度和深度都不一样，最终用户的体验感也不一样。目前我国的新媒体企业已经具备自身的专利技术，后来的企业如果要进入市场，就会有比较大的阻力。2011 年，微信诞生之后对移动互联网的发展产生了重大影响。目前还没有任何的新媒体机构能够与微信的用户量和活跃度相媲美。但是，在新媒体的专利技术方面还没有出现无可替代的技术。由此可见，我国新媒体的技术壁垒并不是很明显，它基于数字技术和互联网技术，可以被模仿和改造。所以，在新媒体的技术领域出现颠覆性的技术创新和商业模式的可能性也是很大的。

（2）资本壁垒

新媒体在我国已经发展了近 10 年，这个行业需要的资本比较高，一般的企业难以进入。例如，新浪的注册资本就达到了2000万元，盛大注册资本达到了5000万元。新媒体市场的高资本壁垒在短期内也不会下降。从2013年开始，并购就成为新媒体行业投资人退出的主要方式；对于创业者而言，因为并购加速了行业洗牌的延续；对于收购方而言，并购促进了产业升级转型，是资本运作的结果，也是市值管理的直接体现。2016年，新媒体行业的活跃买家都是大型的、知名的企业，他们或直接收购相关的新媒体行业公司，或者收购辛未传媒类公司，还有视频直播类公司。

（3）人才壁垒

新媒体行业是具备创意和文化的产业，属于智力密集型产业。新媒体企业的人才对企业的发展的作用非常大，往往团队的主要负责人或者核心的技术人才对团队的研发起着关键作用，也对企业的发展起着至关重要的作用。如张小龙对于腾讯就是这样的作用，如果没有张小龙就没有微信。但是，由于新媒体产业的人力资源流动很大，所以人才壁垒还是具有一定的不确定性。

（4）空间壁垒

大部分新媒体与传统媒体相比在空间上的优势十分明显。传统媒体受各省市的宣传部门的影响，各地方对辖区的传媒产业既保护又限制。但是对于新媒体来说，网络和数字技术的发展打破了空间上的限制，如新浪、网易、盛大等巨头企业的空间壁垒几乎不存在。与此同时，新媒体中的数字电视产业IPTV的发展与一般的新媒体行业不一样，它也受到了空间上的限制。

（5）制度壁垒

由于政府对新媒体的管理和限制比较严格，在新媒体的发展中制度壁垒已经在一定程度上阻碍了新媒体行业的健康发展。例如，当新媒体中出现一些负面消息时政府会立刻进行干预和限制，但是这样的限制和管理还没有一个完整的、严格的机制。如在管理部门的职责安排上，在法律法规的制定上都还没有比较确定的内容。所以，目前我国新媒体行业的政府管制还没有走上正规化的渠道，新媒体的发展还存在制度壁垒。

4. 产品差异化

我国新媒体产业的产品和服务的差异化主要体现在以下几个方面。

（1）内容差异化

我国的新媒体行业在最初的发展中具有严重的同质化特点，原创度低，整合度也比较低，个性化的产品和服务比较少，都是跟风似的发展。在内容制作上，因为知识产权的保护还处在初级阶段，新媒体的侵权行为频发。目前的新媒体创新只是停留在视觉和形象上，但这并不代表它是内容创新的核心点。未来新媒体的发展以云计算和大数据为基础，个性化的产品和服务才是新媒体发展的方向。

网红经济就是新媒体产品差异化的主要表现。2016 年，网络红人类型众多，趋于多样化，主要有事件网红、视频网红、图文网红、电商网红、直播网红。网红经济最大的特点就是原创度比较高，占到了 47%，同时网红经济还具有产品导购的特点，占比达到 24%，其他的一些内容形式占比就比较少。

2016 年，网络直播呈现爆发式增长，如“千播大战”就是 2016 年比较著名的网络直播。2016 年 12 月，网络直播的用户达到了 3. 44 亿人，占到网民总体的 47. 1%，而且网络直播的月活跃用户达到了 1 亿人。

（2）品牌差异化

对于我国的传统媒体来说，他们比较注重开发自己的新闻资讯 APP。上海报业集团在新媒体行业的发展就十分引人注目。他们的理念是原创度极高的产品才有市场，并以具有自身优势的新闻资讯 APP 来占领市场。目前，传统媒体推出的比较著名的新闻资讯 APP 包括唔哩、上海观察、第六声、澎湃、界面、摩尔金融等。

（3）价格差异化

我国的新媒体存在价格差异化难以实现的局面，尤其是在产品、品牌的差异化都比较低的情况下要实现价格差异化就更加困难。我国的网民在免费的模式下获得服务和产品的情况比较普遍。如数字电视的收费模式就受到了很大的限制，它在一定程度上证明了新媒体企业的收费模式比较单一。我国新媒体的收费模式可以参照国外的电子杂志的收费模式来进行调整。

二、我国新媒体产业的市场行为分析

新媒体产业的市场行为主要是企业的行为，企业的获利和成长都必须采取一定的经营策略。从理论上讲，市场行为主要是企业为盈利而产生的价格行为、非价格行为、组织行为。新媒体产业中盈利模式比较清晰的是户外电视传播平台的盈利模式，但是其他新媒体行业的盈利模式还在摸索阶段。

一是广告收入。广告是新媒体行业最主要的收入，这是传媒行业的主要特点。视频网站的广告收入来自视频内容之前、之中的广告，或者是影片下载期间播放的缓存广告。视频网站的广告收入还有一大部分是来自广告赞助，这样的广告主要是与传统媒体合作达成的。电子杂志网站的广告主要是一种互动广告，它对传统媒体的内容进行包装和精准分类之后才制成了广告产品（见表 12-1）。从我国的新媒体巨头企业来分析，可以得知广告收入就是它们最主要的经济来源之一。

表 12-1 2016 年互联网媒体广告收入一览

公司	销售收入			广告收入		
	2015 年	2016 年	增速	2015 年	2016 年	增速
百度（亿元）	663.82	705.49	6.3%	640.37	645.25	0.8%
腾讯（亿元）	1028.63	1519.38	47.71%	174.68	269	54%
阿里巴巴（亿元）	943.84	1438.78	52.44%	541.00	—	—
新浪微博（亿美元）	4.787	6.558	37%	4.021	5.71	42%

二是内容付费。用户付费的盈利模式到目前为止在新媒体的发展中一直处于口头讨论上，但没有很好地实现。一方面，我国的网民已经习惯于获取免费的资源和信息；另一方面，目前我国的新媒体还没有质量较高的内容产品来提升用户的付费意愿。

三是增值服务带来的收入。目前，我国新媒体的增值服务收入还比较低，需要进一步提升。

四是新媒体与传统媒体融合带来的收入。

第四节　我国新媒体产业的未来展望

我国的新媒体目前已经发展到了比较关键的阶段，新媒体产业在未来的发展中有许多机遇和挑战，面对这些问题，我国的新媒体发展必须要稳步推进，逐步提升。

第一，创新、升级是新媒体发展的主要动力，媒体融合发展也是其重要的推动力量。目前，我国新媒体发展中的媒体融合已经取得了一定的成绩，如在组织结构方面、流程再造方面。新媒体行业未来的媒体融合的工作重点主要表现在三个方面：一是战略规则，二是人才机制，三是效果评价。

战略规则是指新媒体企业的发展战略指导。媒体融合最重要的发展策略是制定明确而统一的发展规划，不同层级和类型的媒体的定位不一样，就需要找到对自身有利的发展战略指导。

在用人方面，新媒体的用人体制机制还需要得到进一步完善。例如，在中央级新闻媒体中开展的人事改革就表明人才的重要性。做好新媒体人才培养，也是新媒体人才机制建设的重要内容。主要在三个方面着手：首先，人才培养结构转型。我国的教育机构和管理部门要明确新媒体行业的人才需求缺口。这就需要综合、全面、具体的数据和分析。只有这样，院校培养计划才能与市场紧缺人才进行无缝对接，也才能为新媒体行业提供持久的人才支持。其次，高等教育的职能转型。高校主要是培养新媒体发展的实用性人才，尤其是在一线人才再培训方面，高校责无旁贷。再次，人才培养方式转型。传媒教育主要从课程结构方面去进行实时的完善，建立完整的实践教学体系。这样才能保证新媒体从业人员在学中做、在做中学，也只有这样才能保证从业人员具备实战能力。

建立科学的媒体融合评价体系对新媒体行业的发展具有积极意义。在这个评价体系中，对战略规则、人才机制、盈利模式等各个方面进行评价、跟踪，最终才能不断地调整新媒体发展的路线。与任何企业的发展一样，人才是企业发展的关键，因此在新媒体的发展中必须要重视人才的作用。

第二，我国的“一带一路”政策对提升我国的对外传播发展带来了新的机遇。我国目前的“一带一路”政策以极大的力度鼓励企业走出国门。在传媒行业，我国的企业也必须要有开放、长远的发展眼光加快海外布局。走出国门的企业成为我国与国际沟通和交流的主要力量，新媒体企业也必须要在这个发展趋势下做出足够的努力，在“一带一路”政策中寻找合适的机会去开拓市场。我国的互联网企业在国际上的发展处于领先地位，这样的有利优势对新媒体的发展具有积极意义。有发达的互联网作为基础，我国的新媒体行业将会在国际市场上大显身手。这样就有利于扭转我国传统媒体在国际上的弱势地位，逐步培育出一批具有世界竞争力的新媒体企业及品牌。众所周知，在传统媒体领域，发达国家的媒体处于强势地位，在国际舆论中占有极大的发言权，受众的面积非常广，因此具有强大的传播能力。随着我国新媒体在国际舆论界的展露，一些新的对外传播方式、手段将会逐渐被运用。

第三，微视频、网络直播在我国的新媒体领域占有重要的地位。在新媒体领域视频类信息产品将会持续保持热度。一方面，因为基础网络服务的提速和降价，视频化的信息获取道路成为用户获取网络内容的主流。另一方面，因为随着技术力量的提升，用户的体验度在不断地提升。如大数据技术的发展让网络平台的用户画像达到了更高的质量。信息产品与用户个性化需求对接的精准度也逐步得到提升。视频领域在未来的发展重点是要不断地调整呈现方式和呈现时机，这样才能提高视频用户的体验度。我国的网络直播在 2015 年呈现井喷式发展。随着移动互联网飞速发展，尤其是手机直播应用的快速发展，如映客、花椒等手机直播在用户中的活跃度非常高。但是目前我国网络直播在内容创新、技术融合、监管三个方面还存在很多不足；同时，直播行业在社交、新闻、商业三个方面还具有很大的潜力和发展空间。未来直播行业的发展还需要创新内容，尤其是在技术融合、跨界合作方面还需要加大力度，因为只有新技术手段才能对直播方式进行创新。只有这样，网络直播才能真正发挥它的优势，如优质内容、传播迅速、用户黏度高等。同样，直播行业的产业生态链也必须得到逐步的完善。总之，只有拓宽直播领域的发展渠道，提升直播行业的品质，为直播行业提供安全保障，才能促进直播行业长远、健康地发展。

第四，要发挥新媒体行业的核心功能：社交功能。我国的网络文化发展速度较快，网络文化在人们的生活中占有重要地位。因为我国的网络文化中有很大一部分属于社交范畴，人们通过网络可以增进感情，增进了解，拉近彼此的距离。所以网络文化中的社交功能具有很强的现实意义，也正是社交功能的强大才让用户的规模和活跃度都达到了极高的水平。如微博，它是一种社交功能非常强大的传播媒体，这使它拥有很广的受众群体。微博只用了14个月用户量就达到了5000万人。微博的信息发布十分迅速，因此受众可以从中快速、及时地获得有价值的信息。而且在一系列的社会热点的传播中，人们可以对这些信息发布自己的观点和评论。这样的社交对每个网民来说具有积极的意义，在这些重大问题的讨论中人们可以获得警醒、启示、鼓舞等正能量。新媒体的重要作用就是激发用户与媒体间的互动，用户与用户的互动，这样才能保持新媒体的活跃度和用户数量的增加。社交媒体的双向互动性就非常强。这是新媒体的社交媒体与传统媒体相比最主要的优势之一。受众在传统媒体中只是扮演了信息接受者的角色，但是在新媒体的社交媒体中，用户不仅仅只是接收信息，而且还可以对信息进行评论和传播，在这个过程中信息就被二次创造，每个人的言论自由被极大地开发出来，这样新闻的价值也被极大地发挥出来。

第五，我国的新媒体行业还必须完善政务新媒体的体系。政务新媒体在我国的新媒体发展中的主要作用是实现政府职能。信息公开、舆情应对、政务服务三个方面的功能是我国政务新媒体的基础功能。在完善这三个功能的基础上才能拓展政务新媒体的服务领域。而且，我国的新媒体行业必须要有新的沟通机制才能促进政务新媒体的发展；同时，要拉近公众与政府的距离，就必须要加强政务新媒体的矩阵建设、体系化建设、社群化运营等。此外，网络扶贫工程是政务新媒体一个重大的功能，它的深入实施将为精准扶贫带来新的契机。基于此，贫困地区的可持续发展所需要的信息资源和知识资源就有了保障。

未来我国的政务新媒体在服务上要做好以下几项工作。首先，要以公众为中心，重视平台建设、政务传播和服务应用上对公众利益的关注；要逐步消除公众参与网络的权力制约和制度瓶颈；要推动政务新媒体的矩阵式、多元化发展；要促进政务传播的互联、互通、互信，保证政务新媒体的权威和地位。其次，要注重对政务新媒体的内容建设。一是提高内容品质。要做到内容发布上的权威、及时、准确等，而且还要给受众亲民、接地气的亲切感，尤其是采用矩阵建设来提升内容制作上的集体智慧、协同生产的力量。二是丰富内容形式。语言上要做到恰到好处，既有幽默感而且还不失严肃庄重；传播的内容形式不能只限于文字和图片，要适当地加入视频、游戏、手机轻应用等用户喜爱的信息。再次，要提升用户参与度，建立和完善一系列的参与流程。最后，要加强政务新媒体的人才队伍建设，细化职能职责，并加强系统培训的力度。

第六，我国的新媒体行业还需要规范盈利方式。我国新媒体行业的盈利规模在逐步扩大。据 2016 年的资料显示，中国整体网络广告市场规模已经超过 2900 亿元。网络广告市场的规模呈现快速增长的趋势，尤其是移动互联网广告市场的蓬勃发展不仅是国内的趋势，也是全球广告界的趋势。但是在我国目前的新媒体行业，广告行业乱象丛生，如虚假广告的盛行。因此，我们必须要抑制新媒体行业的广告泡沫。我国的新媒体要获得长远的发展就必须以创新的手段来进行营销，最终获得商业利益，也必须加强对新媒体商业运营的监管。

在未来，互联网、智能手机、各种智能移动终端等的技术提升和功能的不断提升给新媒体行业带来了越来越多的机会和挑战。我国新媒体行业在人工智能、智能互联等方面将进行高度融合，媒体融合发展的趋势也会不断地增强。国家的“一带一路”等政策也将不断地推进我国新媒体在国际上的传播能力；同时，要加强一些主要的新媒体企业在未来的引导作用，如腾讯、新浪等。腾讯的微信、新浪的微博近年来都取得了快速发展。在舆论引导方面，要加强互联网的内容建设，要防范和降低网络思潮风险。尤其是要发展具有高品质的内容的新媒体，促进内容付费为新媒体盈利带来增长的巨大动力，还要在政务新媒体方面做到服务功能的实际化和具体化。在未来还要发挥用户个体的商业价值，以多种多样的社交化产品来促进社交电商的发展，使之成为新媒体发展的新势力。最后，网络安全仍然是制约新媒体发展的重要因素，所以在未来的发展中新媒体还必须要注重网络安全建设。

参考文献

[1] 余典范 . 2017 中国产业发展报告——新旧动能转换［M］. 上海：上海人民出版社，2017.

[2] 国家发展和改革委员会产业经济与技术经济研究所 . 中国产业发展报告 2018：迈向高质量发展的产业新旧动能转换［M］. 北京：经济科学出版社，2018.

[3] 推进综合试验实现动能转换编写组 . 推进综合试验实现动能转换，聚焦新旧动能转换重大工程资料汇编［M］. 山东：山东人民出版社，2018.

[4] 杨蕙馨，冯文娜，王军 . 产业组织与企业成长：国际金融危机后的考察［M］. 北京：经济科学出版社，2014.

[5] 朱富强 . 经济学说史［M］. 北京：清华大学出版社，2013.

[6] 钱纳里，鲁宾逊，赛尔奎因 . 工业化和经济增长的比较研究［M］. 上海：上海三联书店·上海人民出版社，1995.

[7] 余东华 . 以"创"促"转"：新常态下如何推动新旧动能转换［J］. 天津社会科学，2018（1）：105-111.

[8] 张卓元 . 中国经济四十年市场化改革的回顾［J］. 经济与管理研究，2018（3）：3-15.

[9] 蔡昉，王美艳 . 中国面对的收入差距现实与中等收入陷阱风险［J］. 中国人民大学学报，2014（3）：2-7.

［10］高楠，郭晓川．基于产业生命周期理论的我国资源型产业的发展历程研究［J］．贵州大学学报（社会科学版），2013（3）．

［11］李美娟．中国企业突破全球价值链低端锁定的路径选择［J］．现代经济探讨，2010（1）：76-79.

［12］刘志彪，张杰．从融入全球价值链到构建国家价值链：中国产业升级的战略思考［J］．学术月刊，2009（9）：59-68.

［13］卓越，张珉．全球价值链中的收益分配与“悲惨增长”——基于中国纺织服装业的分析［J］．中国工业经济，2008（7）：131-140.

［14］Hoshi T. Economics of the living dead［J］. *The Japanese Economic Review*，2006，57（1）：30-49.

［15］Schmitz H，Knorringa P. Learning from global buyers［J］. *Journal of Development Studies*，2000，37（2）：177-205.

［16］Xiaofei Wang，Lei Chen，Chuangeng Liu，Yiqing Zhang，Ke Li. Optimal production efficiency of Chinese coal enterprises under the background of de-capacity-Investigation on the data of coal enterprises in Shandong Province［J］. *Journal of Cleaner Production*，2019（4）：356.

［17］陈雷，武宪云．企业内部合作网络对知识搜索的影响［J］．中国软科学，2019（5）：132.

［18］唐松林．稳妥推进北方农村清洁供暖［N］．人民日报（理论版），2019. 1. 24.